歷代女子
名作選讀

張仁青
倪雅萍 編纂

卷頭小語

張仁青

⑴本書精選歷代女子名作，上起西漢之烏孫公主，下迄遜清之秋瑾，凡一百篇，顏曰《歷代女子名作選讀》。

⑵自古以來，重男輕女，「女子無才便是德」之錯誤觀念深中人心，牢不可破，遂使婦女作家急遽減少，絕妙好辭更多湮沒。梁代 鍾嶸《詩品》評介自漢至梁一百二十二名詩人，其中婦女作家只有四人；蕭統編纂《文選》三十卷，只遴選曹大家〈東征賦〉與班婕妤〈怨歌行〉而已；清代 康熙敕編之《全唐詩》九百卷，其中婦女作品只有九卷。如今坊間所見者，惟趙世杰・朱錫綸輯評之《歷代女子詩集》（台北・廣文書局）、汪祖華編鈔之《中國女性詩詞雜鈔》（台北・大眾時代出版社）、周道榮・許之栩・黃奇珍編選之《中國歷代女子詩詞選》（北京・新華出版社）、陳新・周維德・俞涴萍合編之《歷代婦女詩詞選注》（北京・中國婦女出版社）等不過三數種而已，固未能窺其全豹，為憾實甚。

⑶歷代女子名作卷帙浩瀚，披閱紛繁，將使學者汰沙而得

金，貫串以成統，恐非時力所許，是有需乎經過整理之書編矣。今所選注者，作者僅數十家，作品僅一百首，滄海遺珠之憾，固知不免，而嚐鼎一臠，亦可稍概其餘也。

(4)本書所選篇章，多為世人所習知者，不標宗派，不嗜一味，凡其人之卓然名家，作品之朗麗高華者，均在甄采之列。各種體裁，各種風格，紛然雜陳，而以時代之先後為序。詩風變遷之軌跡，詩運升降之大概，均可於此覘之。

(5)民國七十八年九月，本人有鑒於歷代婦女作品長久以來，不為世人所尊重，因在國立中山大學 中國文學系新開「歷代女子名作選讀」課程，以復興中華詩學，延續溫柔敦厚詩教為最高目標。故所選各詩，務求精粹優美，文質並茂，其足以搖蕩性情，疏濬靈知之篇什，採錄較多，俾學者於從容涵泳之中，收默化潛移之效。

(6)本書所錄各詩詞，俱從善本中選出，訛奪異同，皆詳慎考正，衍文俚字，悉從刪削。

(7)詩詞佳處，頗不易辨，所謂「詩無達詁」，「詞無確解」，自昔已然，於今尤甚，初學儉腹，多感窒礙。本書視實際需要，間錄名家評語，批隙導窾，有蘊必宣，承學之士，庶知準的。

(8)本書所收錄者，以宋 李清照與朱淑真為獨多，各佔十八篇，冠冕儕輩，以其詩詞文章，不但珍膾於世，而且二人皆有專集——王學初《李清照集校注》（台北·天工書局）

與冀勤《朱淑真集注》（杭州・浙江古籍出版社）行世。庶使江花早夢，郢雪爭霏，飛鶚在林，逸驥前路。瓊章麗曲，益增價於騷壇，瑰璧奇珍，再揚輝於珠澤。

丁亥（2007）上元識於台北永和之揚芬樓

目　錄

附　錄

悲　愁　歌

西漢・劉細君

吾家嫁我兮天一方①，遠託異國兮烏孫王。
穹廬爲室兮旃爲牆②，以肉爲食兮酪爲漿。
居常土思兮心内傷，願爲黃鵠兮歸故鄉③。

作者

劉細君，漢武帝元封中人。《漢書・西域傳》載：元封中，遣江都王建女細君為公主，以妻烏孫王昆莫。公主至其國，自治宮室居，歲時始與昆莫會，置酒飲食。昆莫年老，語言不通，公主悲愁，乃自作歌。

說明

此乃烏孫公主生平唯一之作，表明思鄉之情，急切回國之意，足以代表女詩人的心路歷程。在技巧上受《楚辭》的影響，富有民謠風味，為《楚辭》和漢初民謠之混合體。文字質樸，直抒胸臆，十分感人。

註釋

①天一方：指遙遠的新疆。

②廬：借指蒙古包。

③黃鵠：天鵝。

集評

①明·鍾惺《名媛詩歸》：此詩酸楚，令讀者傷之。

②今·陳新等《歷代婦女詩詞選注》：這首詩抒發作者在舉目無親的異鄉，不僅語言不通，生活風俗不能適應，而且還處在緊張的政治漩渦中，因而產生悲愁思憶之情。詩用西漢時流行的楚歌體，質樸感人；末句用「黃鵠」作比喻，更見出思鄉的熾烈。

白　頭　吟

西漢．卓文君

皚如山上雪①，皎若雲間月。聞君有兩意，
故來相決絕。
今日斗酒會②，明旦溝水頭。躞蹀御溝上③，
溝水東西流。
淒淒復淒淒，嫁娶不須啼。願得一心人，
白頭不相離。
竹竿何嫋嫋④，魚尾何簁簁⑤。男兒重意氣⑥，
何用錢刀爲。

作者

卓文君，西漢（約西元前179年～前117年）臨邛人，卓王孫女，有才學。司馬相如作客卓氏家，文君新寡，相如以琴心挑之，作〈鳳求凰〉之曲，文君夜奔相如。相如長於辭賦，豐贍富麗，稱頌一時。後相如將聘茂陵女為妾，文君作〈白頭吟〉以自絕，相如乃止。事見吳均《西京雜記》。

說明

此詩的內容十分特殊，是妻子責備丈夫，對丈夫移情別戀感到傷心的作品，反映古代眾多婦女的痛苦。內容上可分為四段：「皚如山上雪，皎若雲間月。聞君有兩意，故來相決絕」為第一段，強調自己品行的純潔清白；「今日斗酒會，明旦溝水頭。躞蹀御溝上，溝水東西流」為第二段，主動提出離婚的要求；「淒淒復淒淒，嫁娶不須啼。願得一心人，白頭不相離」為第三段，表達自己對婚姻的看法；「竹竿何嫋嫋，魚尾何簁簁。男兒重意氣，何用錢刀為」為第四段，義正詞嚴的強調夫妻之間應以情義為主，不能只注重金錢。層次分明，語氣果斷，態度強硬，不容妥協。先從正面提出男子應重義氣，再從反面責備男子不應以金錢來吸引女子，一正一反，論證充足，但仍不失詩的美感及藝術感染力，並且深刻地反映出自古至今社會最普遍的現象。

註釋

①皚：白。

②斗：盛酒的器皿。

③躞蹀：小步徘徊。

④嫋嫋：細長柔弱貌。此處形容小竹竿迎風搖曳。

⑤簁簁：魚尾很長的樣子。此處形容魚游水中，自得

其樂。

⑥意氣：指情義。

集評

①梁·吳均《西京雜記》：司馬相如將聘茂陵人女為妾，文君作〈白頭吟〉以自絕，相如乃止。

②清·王堯衢《古唐詩合解》：感離合之無常，因重傷其淒楚，而曰嫁女不須啼號者，固願得終始一心、白頭相守之人而事之耳。彼釣竿之長弱，魚尾之動搖，不相投合，豈知男兒所重者意氣，何用以錢刀買妾為哉，蓋忘著犢鼻褌滌器之時矣。語此以諷之，而怨情深矣。

怨　歌　行

西漢・班　姬

新裂齊紈素①，鮮潔如霜雪。裁爲合歡扇，
團團似明月。出入君懷袖，動搖微風發。
常恐秋節至②，涼飆奪炎熱。棄捐篋笥中，
恩情中道絕。

作者

班姬，西漢（約西元前48年以後）樓煩（今山西 朔縣）人。成帝時，以才學被選入宮，後得寵幸，為婕妤（按婕妤為漢宮中女官名），每進見上疏，悉依古禮。後趙飛燕姊妹寵盛，婕妤恐久見危，求供養太后長信宮，帝許之，乃作賦自傷。成帝崩，婕妤充奉園陵，卒後葬園中。婕妤善詩賦，《隋書・經籍志》謂有「漢成帝《班婕妤集》一卷」，已散佚。今存〈自悼賦〉、〈擣素賦〉及〈怨歌行〉詩一首，後人疑為偽作。事見《漢書・外戚傳》。

說明

此為詠物之作，字面上是描寫扇子，但意義上則是暗喻自己的一生。不棄不離，是一首成功的詠物詩。

全篇皆用比喻。「新裂齊紈素，鮮潔如霜雪」，比喻自己年輕貌美，品德高尚；「裁為合歡扇，團團似明月」，則比喻入宮侍候皇帝；「出入君懷袖，動搖微風發」，則比喻自己得到寵愛；「常恐秋節至，涼飆奪炎熱」，則比喻怕新人奪去自己的寵幸；「棄捐篋笥中，恩情中道絕」，則象徵終被遺棄。字字含愁，句句帶怨。要而言之，其詩高雅含蓄，其人氣質出眾，才華橫溢，可說是文如其人。無怪乎鍾嶸《詩品》將之列為上品詩人。本篇影響後代至深，凡有宮女遭遇不幸者，多援用之。

註釋

①齊紈素：山東所產絲綢類的高級布料。

②秋節至：秋涼則扇無用，故為婦人年老色衰、見棄於夫之喻。

集評

①梁·鍾 嶸《詩品》：「〈團扇〉短章，詞旨清捷，怨深文綺，得匹婦之致。」

按鍾嶸《詩品》評介自漢至梁一百二十二名詩人，其中婦女作家只有四人：即上品之班姬，中品之徐淑，下品之鮑令暉、韓蘭英。班姬榮登上科，足以流光千載。

②梁・劉勰《文心雕龍・隱秀》：「常恐秋節至，涼飆奪炎熱」，意悽而詞婉，此匹婦之無聊也。

③清・王堯衢《古唐詩合解》：婕妤退處東宮，自嗟恩情之中斷，而以紈扇自比。素紈鮮潔，比己之無瑕也。扇曰合歡，圓如明月，比恩寵之盛也。出入懷袖而動搖生風，比得君而見用也。因歎恩不可久，寵不可恃，恐至秋涼而團扇見棄，如己之恩情中絕也。夫女無賢不肖，入宮見妒，挾恩怙寵而以凶終者，不知凡幾，婕妤知機而退，能自保全，即此歌詞微諷，止以自傷，而無怨君之心，真世之才女子也，而兼有德，豈易得哉。

附錄

①班婕妤怨　梁・劉孝綽

應門寂已閉，非復後庭時。況在青春日，萋萋綠草滋。
妾身似秋扇，君恩絕履綦。詎憶遊輕輦，從今賤妾辭。

②長信秋詞　唐・王昌齡

奉帚平明金殿開，且將團扇共徘徊。
玉顏不及寒鴉色，猶帶昭陽日影來。

答秦嘉詩

東漢·徐　淑

妾身兮不令①，嬰疾兮來歸。沈滯兮家門，
歷時兮不差。曠廢兮侍覲②，情敬兮有違。
君今兮奉命，遠適兮京師。悠悠兮離別，
無因兮敍懷。瞻望兮踴躍，佇立兮徘徊。
思君兮感結，夢想兮容暉③。君發兮引邁，
去我兮日乖。恨無兮羽翼，高飛兮相追。
長吟兮永歎，淚下兮沾衣。

作者

徐淑，東漢末（西元二世紀晚期）隴西人，秦嘉之妻。今存〈答秦嘉詩〉一首及〈答秦嘉書〉兩篇。見徐陵《玉臺新詠》。

說明

歷代詩詞中，戀愛中男女的刻骨相思、夫妻分別而思念之作頗多，但體素羸弱的妻子在病中寫信給丈夫，並附上詩歌，這種情形就很少了，所以此詩可稱為夫妻贈答詩的鼻祖。

此詩可分為三段：自「妾身兮不令」至「情敬兮有違」六句為第一段，描述婚後病魔纏身，不能克盡夫妻之道而感羞愧。自「君今兮奉命」至「佇立兮徘徊」六句為第二段，敘述丈夫到洛陽上任，自己卻無法送別而哀傷。自「思君兮感結」至「淚下兮沾衣」八句為第三段，對丈夫思念之深，恨不得馬上飛到丈夫身邊，卻不能如願，只有以淚洗面。

每一句都有「兮」，而且都放在第三字，可見作者受樂府詩的影響很深，無論精神面貌都接近樂府。此詩情感真摯，文思沈鬱，筆致細膩，淒婉動人，為漢代詩歌之有數瑋篇。梁·鍾　嶸品第詩人，甚為嚴格，卻將徐淑 秦嘉夫婦二人詩作並置之中品，可謂難能可貴。

註釋

①不令：不善、不好。

②侍覲：指對長輩的侍奉、請安。

③容輝：一作「容暉」，即容光、容貌。

集評

①梁·鍾　嶸《詩品》：夫妻事既可傷，文亦悽怨。為五言者，不過數家，而婦人居二。徐淑敘別之作，亞於

〈團扇〉矣。

附錄

贈婦詩　東漢・秦　嘉

人生譬朝露，居世多屯蹇。憂艱常早至，歡會常苦晚。
念當奉時役，去爾日遙遠。遣車迎子還，空往復空返。
省書情悽愴，臨食不能飯。獨坐空房中，誰與相勸勉。
長夜不能眠，伏枕獨展轉。憂來如循環，匪席不可卷。

悲憤詩

東漢·蔡　琰

漢季失權柄①，董卓亂天常②。志欲圖篡弒③，
先害諸賢良④。
逼迫遷舊邦⑤，擁主以自強。海內興義師⑥，
欲共討不祥。
卓眾來東下⑦，金甲耀日光。平土人脆弱⑧，
來兵皆胡　羌⑨。
獵野圍城邑，所向悉破亡。斬截無孑遺⑩，
屍骨相撐拒。
馬邊懸男頭，馬後載婦女。長驅西入關⑪，
迥路險且阻⑫。
還顧邈冥冥⑬，肝脾爲爛腐。所略有萬計⑭，
不得令屯聚。
或有骨肉俱，欲言不敢語。失意幾微間⑮，
輒言斃降虜。

要當以亭刃⑯，我曹不活汝。豈敢惜性命，
不堪其詈罵⑰。
或便加棰杖，毒痛參并下⑱。旦則號泣行，
夜則悲吟坐。
欲死不能得，欲生無一可。彼蒼者何辜⑲，
乃遭此厄禍。
邊荒與華異⑳，人俗少義理。處所多霜雪，
胡風春夏起。
翩翩吹我衣，肅肅入我耳㉑。感時念父母，
哀嘆無窮已。
有客從外來，聞之常歡喜。迎問其消息，
輒復非鄉里。
邂逅徼時願㉒，骨肉來迎己，己得自解免，
當復棄兒子。
天屬綴人心㉓，念別無會期。存亡永乖隔㉔，
不忍與之辭。
兒前抱我頸，問母欲何之。人言母當去，
豈復有還時。
阿母常仁惻，今何更不慈。我尚未成人，

奈何不顧思。

見此崩五內㉕，恍惚生狂癡。號泣手撫摩，

當發復回疑。

兼有同時輩㉖，相送告離別。慕我獨得歸，

哀叫聲摧裂。

馬爲立踟躕，車爲不轉轍㉗。觀者皆歔欷，

行路亦嗚咽。

去去割情戀，遄征日遐邁㉘。悠悠三千里，

何時復交會。

念我出腹子㉙，胸臆爲摧敗。既至家人盡，

又復無中外㉚。

城郭爲山林，庭宇生荊艾。白骨不知誰，

縱橫莫覆蓋。

出門無人聲，豺狼號且吠。煢煢對孤景㉛，

怛咤糜肝肺㉜。

登高遠眺望，魂神忽飛逝。奄若壽命盡㉝，

旁人相寬大。

爲復強視息㉞，雖生何聊賴㉟。託命於新人㊱，

竭心自勖厲㊲。

流離成鄙賤，常恐復捐廢㊳。人生幾何時，懷憂終年歲。

作者

蔡琰，字文姬，東漢 陳留 圉（今河南 杞縣南）人。生卒年不詳。著名學者蔡邕之女，博學多才，精通音律。初嫁衛仲道，夫亡無子，歸於母家。漢末董卓之亂，為胡騎所虜，歸於南匈奴 左賢王，在胡中十二年，生二子。後曹操遣使者以金幣把她贖回，再嫁同郡董祀。她的作品現存〈悲憤詩〉兩首，一為五言體，一為《楚辭》體，其中後者所述情節與蔡琰身世多有不合，可能是晉人偽託。另有〈胡笳十八拍〉一篇，相傳也是她的作品，但也有人疑是偽作，迄今尚無定論。事見《後漢書．列女傳》。

說明

這是一首自述經歷的長篇敘事詩。用「賦體」寫作，凡一百零八句，五百四十字，主要記述詩人於漢末董卓之亂時被虜掠至南匈奴的過程和遭遇，以及被曹操贖回中原的經過和所見所聞。在敘事過程中，詩人抒發了自己的真情實感，使全詩具有強烈的感染力。此詩共分三段：第一段描述被虜的慘痛經驗；第二段寫在南匈奴的生活，聽到被贖時的心情和在胡地所生的二子分離的哀傷；第三段寫歸途和再嫁後所感。這三段的內容不同，極為分明，段落安排得很好。段和段之間，不用轉接詞來表示一個段落的開頭，而是靠內容來構成段落，所以感覺上若斷若續，好像另起一段，又好像與上文有銜接之感，極嶺斷雲連之妙。

詩中寫了十二年的異域生活，確實是空前的創作，也道出了數以萬計的婦女心聲，在男性家屬被殺光後，多數婦女只能淪為奴隸，陷入求生不能、求死不得的悲慘境地。所幸女詩人做了左賢王之妃，後來雖然被贖回國，但是卻要鏤心斷腸地忍受與兒子分離的痛苦。女詩人從兒子對自己即將離去的哀痛和話語中寫出這種使人發狂的痛苦來，也寫出其他婦女過著終身奴隸生活的悲痛。內容繁富多樣，筆法真切深刻，不愧為佳作名篇。

文學是時代生活的反映，利用文學的形式，以藝術性的方式把一個時代的生活表現出來，往往要比史官所作的實錄容易收到感人效果，而且還具有文學與歷史的雙重價值。庾信〈哀江南〉、〈小園〉、〈傷心〉諸賦，被稱為「賦史」；杜甫〈北征〉、〈三吏〉、〈三別〉諸詩，被目為「詩史」，其故在此。而此〈悲憤詩〉雖然是寫詩人不幸的遭遇，卻概括表現了漢末動亂時代一般人民的共同命運；尤其是柔弱無助的婦女，更變成了戰爭下的犧牲品。詩人站在被害者的立場，現身說法，利用詩歌向廣大群眾控訴軍閥禍國殃民與外族陵暴漢人的罪行。使人讀之，不僅可以了解作者坎坷的一生，以及在封建社會中的痛苦無告，被視為戰利品的悲慘命運。而且還可以進一步了解當時政治的腐敗，農村經濟的破產，社會秩序的混亂，以及統治階層的顢頇無能，遂使錦繡河山變成四分五裂，百萬生靈慘遭亙古未有之浩劫。其後杜甫作〈北征〉、韋莊撰〈秦婦吟〉，其表現手法，悉皆祖此。故嚴格言之，〈悲憤詩〉實為我國「詩史」之濫觴。

註釋

①漢季句：漢季，漢末。失權柄，喪失統治力量。

②天常：天之常道，此指統治秩序。

③篡弒：殺君奪位，漢靈帝 中平六年（189），董卓廢少帝為弘農王，次年把少帝殺死，又毒死何太后。

④諸賢良：指先後被董卓殺害的丁原、伍瓊等人。

⑤舊邦：指西漢時都城長安。

⑥興義師：漢獻帝 初平元年（190），關東州郡將領起兵討董卓，以袁紹為盟主。

⑦卓眾句：初平三年（192），董卓部將李傕、郭汜等出兵函谷關東下，大掠陳留、潁川等縣。

⑧平土：平原、中原。

⑨胡 羌：指董卓軍中的羌、氐族人。

⑩斬截句：截，斷。孑，獨。相撐拒，互相支拄。

⑪關：指函谷關，在陝西。

⑫迴路句：迴，遙遠。阻，艱難。

⑬還顧句：邈，遠。冥冥，迷茫不清的樣子。

⑭略：同「掠」。

⑮失意：不合意。

⑯亭刃：指用刀劍刺入物體。

⑰詈：罵的意思。詈罵係同義之複合詞。

⑱毒痛：內心的憤恨和身上的痛苦。

⑲彼蒼者：指天。

⑳邊荒：邊遠地區，指南匈奴。

㉑肅肅：指風聲。

㉒徼：僥倖。

㉓天屬：指有血緣關係的直系親屬。

㉔乖隔：分離。

㉕五內：五臟。

㉖同時輩：指同時被虜的人。

㉗轍：車輪所碾過的跡印，這裏指車輪。

㉘遄征句：遄征，飛快地趕路。日遐邁，一天天地遠去。

㉙出腹子：親生子。

㉚中外：中表親戚。中，指舅父的子女，為內兄弟；外，指姑母的子女，為外兄弟。

㉛煢煢：孤獨的樣子。

㉜怛咤：驚呼。

㉝奄：忽然。

㉞強視息：勉強活下去。

㉟聊賴：依靠慰藉。

㊱新人：指新婚夫壻董祀。

㊲勖厲：勉勵。厲，同「勵」。

㊳捐廢：被遺棄。

集評

①宋·蘇　軾《仇池筆記》：《列女傳》蔡琰二詩明白感慨，頗類〈木蘭詩〉，東京無此格也。建安七子猶含蓄不盡發見，況伯喈女乎？琰之流離必在父歿之後，董卓既誅，伯喈乃遇禍，此詩乃云董卓所驅虜入胡，尤知非真也。蓋范曄荒陋，遂載之本傳。

②宋·蔡　启《蔡寬夫詩話》：後漢 蔡琰傳載其二詩，或疑董卓死，邕被誅，而詩敍以卓亂流入胡，為非琰辭。此蓋未嘗詳考於史也。且卓既擅廢立，袁紹輩起兵山東，以誅卓為名，中原大亂。卓挾獻帝遷長安，是時士大夫豈能皆以家自隨乎？則琰之入胡不必在邕誅之後。其詩首言「逼迫遷舊邦，擁主以自強，海內興義師，共欲討不祥」，則指紹輩固可見；繼言「中土人脆弱，來兵

皆胡羌，縱獵圍城邑，所向悉破亡」，「馬邊懸男頭，馬後載婦女，長驅西入關，迥路險且阻」，則是為山東兵所掠也。其末乃云：「感時念父母，哀歎無窮已」，則邕尚無恙，尤無疑也。

③清．閻若璩《尚書今古文疏證》：予嘗謂事有實證，有虛會，……如東坡謂蔡琰二詩東京無此格，此虛會也；謂琰流落在董卓既誅之後，今詩乃云為董卓所驅掠入胡，尤知非真，此實證也。傳本云興平中天下喪亂，文姬為胡騎所獲，沒於胡中者十二年，始贖歸。興平凡二年，甲戌、乙亥，距卓誅於初平三年壬申以後兩三載，坡說是也。

④清．張玉穀《古詩賞析》：「長驅西入關」，當即指卓所將羌 胡兵。蔡以為山東兵，亦誤；然其駁蘇處，則具眼也。且琰與建安七子正復同時，何見其必效七子而非琰作。

⑤清．沈德潛《古詩源》：段落分明，而減去脫卸轉接痕跡，若斷若續，不碎不亂。少陵〈奉先詠懷〉、〈北征〉等作，往往似之。

又：使人忘其失節，而只覺可憐，由情真，亦由情深也。

⑥吳闓生《古今詩範》：蘇東坡不信此詩，疑為偽造。吾以謂〈悲憤詩〉決非偽者，因其為文姬肺腑中言，非他

人之所能代也。

又：東坡不信此傳者，以為琰非卓眾所掠，所言失實。後人又疑中幅言已陷胡一段佚去。吾謂此詩以哀痛為主，紀載固不暇求詳，且其情事，亦不忍詳言矣。

按近人論著，有張長弓〈蔡琰悲憤詩辨偽〉（載《東方雜誌》40卷7期）；余冠英〈論蔡琰悲憤詩〉（見其所著《漢魏六朝詩論叢》）。張文證其偽，余文定其真，論列皆甚詳，可參看。

和婕妤怨

梁·劉令嫻

日落應門閉，愁思百端生。況復昭陽近①，風傳歌吹聲。寵移終不恨，讒枉太無情②。只言爭分理，非妒舞腰輕。

作者

劉令嫻（約西元525年前後在世），南朝梁琅琊彭城人，南齊大司馬劉繪女，寧朔將軍王融甥，梁祕書監劉孝綽第三妹。孝綽一門風雅，兄弟子姪七十餘人均能文，妹三人並有才學，令嫻最幼，世稱劉三孃。詩文尤清拔秀麗，《隋書·經籍志》稱其有集二卷。夫徐悱以名公子受知宮廷，卒後令嫻為文祭之。悱父勉雅善文辭，著述甚豐，本欲造哀詞，睹令嫻此作，遂擱筆。令嫻事附見《梁書·劉孝綽傳》。

說明

此作乃和班姬之〈怨歌行〉，主旨在讚美和同情班姬之遭遇。一般的和詩，都以原作的延伸意義為主，而此詩卻又另外發表自己的意見。按婕妤為漢宮中女官名，此指班姬。

全詩分為兩個主題：寫班姬失寵的心理，以及用班姬的口氣來說明班姬的修養為人，只是爭道理，而非妒嫉。其中「日落應門閉，愁思百端生」和「況復昭陽近，風傳歌吹聲」形成強烈的對比，以趙飛燕的得寵反襯出班姬的孤獨落寞，一靜一動，令讀者感觸深刻。

註釋

①昭陽：漢宮殿名，班姬居此，後徙長信宮。

②讒枉：讒言、委曲。

祭夫徐敬業文

梁·劉令嫺

維梁大同五年①，新婦②謹薦少牢於徐府君之靈曰③：惟君

德爰禮智④，才兼文雅⑤。學比山成⑥，辯同河瀉⑦。明經擢秀⑧，光朝振野⑨。調逸許中⑩，聲高洛下⑪。含潘度陸⑫，超終邁賈⑬。

二儀既肇，判合始分⑭。簡賢依德，乃隸夫君⑮。外治徒舉，內佐無聞⑯。幸移蓬性，頗習蘭薰⑰。式傳琴瑟⑱，相酬典墳⑲。

輔仁難驗⑳，神情易促㉑。雹碎春紅，霜彫夏綠㉒。躬奉正衾，親觀啓足㉓。一見無期，百身何贖。嗚乎哀哉。

生死雖殊，情親猶一。敢遵先好，手調薑橘㉔。素俎空乾，奠觴徒溢。昔奉齊眉，異於今日㉕。

從軍暫別，且思樓中㉖。薄遊未反，尚比飛蓬㉗。如當此訣，永痛無窮。百年何幾，泉穴方同㉘。

說明

徐敬業名悱，東海 郯人，梁賢相徐勉之次子。幼聰穎，能屬文，過庭承訓，早勵清操，歷官太子洗馬、中舍人，出入東宮，甚見知賞。以足疾，出為湘東王 蕭繹友，俄遷晉安內史。尋卒，年僅三十一。喪還建業，其妻劉令嫻為文以祭之。悱事附見《梁書》、《南史》〈徐勉傳〉。

本文聲調清越，詞句簡淨，為六朝駢體祭文中之最富感情者。古代女子鮮有受教育機會，世人每謂女流中絕少明經義、諳雅故者，讀令嫻此作，應予改觀。

註釋

①維梁 大同五年：維，發語詞，祭文中常用之。大同，梁武帝年號。大同五年即西元539年。

②新婦句：新婦，婦人自謙之詞。薦少牢，謂進以奠祭之羊、豕。

③府君：漢世太守所居稱府，因號太守曰府君。此借以尊其亡夫，蓋徐悱嘗為晉安內史，內史等同太

守。

④德爰禮智：言其德行則禮儀與智慧俱全。爰，猶乃。

⑤才兼文雅：言其才華則文學與儒雅兼備。

⑥學比山成：言其學問高積如山。《論語・子罕》：「子曰：譬如為山，未成一簣，止，吾止也。譬如平地，雖覆一簣，進，吾往也。」

⑦辯同河瀉：言其辯才若懸河瀉水，滔滔不絕。《晉書・郭象傳》：「王衍每云：聽象語，如懸河瀉水，注而不竭。」

⑧明經擢秀：言其通明經術，文藻秀出。

⑨光朝振野：言其光彩煥發於朝廷，聲譽振揚於鄉野。

⑩調逸許中：言其才調橫逸於京師之中。許，即許昌，在今河南 許昌縣，東漢 建安初，曹操迎獻帝遷都於此，此借為京師之代稱。

⑪聲高洛下：言其聲名高揚於京洛。洛，即洛陽，在今河南 洛陽縣，東漢 三國 魏及西晉皆建都於此，此亦借為京師之代稱。

⑫含潘度陸：言其辭采之華麗，則含容潘岳，度越陸機。按潘 陸皆晉代文學家，有潘江陸海之美譽。

⑬超終邁賈：言其才幹之早達，則超軼終軍，邁過賈

誼。按終賈皆西漢之名臣。

⑭二儀二句：言天地既已開闢，夫婦始有分別。二儀，謂天地。肇，開始，即開闢之意。判合，謂合男女各半以成夫婦。分，分別。

⑮簡賢二句：簡，選。隸，歸屬。言選擇賢能，歸依有德，遂以身屬之。

⑯外治二句：舉，稱揚。佐，助。言惟夫治理外事，能著聲譽，己則佐助家務，愧無令聞。

⑰幸移二句：蓬，賤草，性亂而放佚。此以蓬草自比。蘭，香草，比喻其夫君之美德。薰，香氣。言己之懶散性格，幸受夫君美德之薰染，頗能有所移化。

⑱式傳琴瑟：式，語首助詞，無義。琴瑟，喻夫婦和諧。此言夫妻相愛，如琴瑟之聲相應和。

⑲相酬典墳：典墳，古書之泛稱。此言夫妻唱和，往往以古籍相酬答。

⑳輔仁難驗：《論語・顏淵》：「曾子曰：君子以文會友，以友輔仁。」驗，印證。言欲夫君輔成己之文德，而今難以證信。

㉑神情易促：言至善至美之愛情，往往短促易於消逝。

㉒雹碎二句：空中水蒸氣遇冷結成冰雪，旋裹成塊而

下降謂之雹，春夏雷雨時可見之，小者如豆，大者如蘋果，能傷禾黍人畜。此言恩愛夫妻不克白首偕老，猶冰雹之擊碎春日紅花，嚴霜之凋傷夏季綠葉。

㉓親觀啟足：啟足，開視其手足。言彌留時親眼觀其安然去世。《論語・泰伯》：「曾子有疾，召門弟子曰：啟予足，啟予手。」蓋曾子平居事親至孝，以為身體髮膚，受之父母，不敢毀傷，故有疾恐死，特召門弟子開衾視之，以明無毀傷。

㉔敢遵二句：先好，謂以前之愛好。木耳煮好細切之，和以薑橘，可以為菹，味甚美。此言依平昔之所喜好，親為調理飯菜。

㉕昔奉齊眉二句：言昔日侍奉飲食，相敬如賓，情形與今日完全不同。東漢 梁鴻娶妻孟光，偕隱霸陵山中，後適吳，依大家皋伯通，居廡下，為人賃舂，每歸，妻為具食，不敢於鴻前仰視，舉案齊眉。見《後漢書・梁鴻傳》

㉖從軍二句：言昔日之人從軍而去，不過暫時分別而已，其妻尚且倚樓哀思，何況今日我乃與君永訣，實在更可哀傷。

㉗薄遊二句：薄，語首助詞，無義。飛蓬，謂雲鬢不理，如蓬草乘風而飛之狀。《詩經・衛風・伯

兮》：「自伯之東，首如飛蓬。豈無膏沐，誰適為容。」作者借用《詩經》句意，言昔日之人，其夫暫遊未歸，尚且朝思暮怨，無心修飾儀容，何況我今與君永訣，真是情何以堪。

㉘泉穴方同：言生時已無緣再見，但百年易逝，不難相見於黃泉。

集評

①清・蔣士銓《四六法海》評：無限才情，出以簡淡，當是幽閒貞靜之婦。是編（案即王志堅所編《四六法海》）上下千餘年，婦人與此者，一人而已。

②清・譚　獻《駢體文鈔》評：惻愴中無意琢削而語語工，亦當文事最盛之日也。

③清・許　槤《六朝文絜》：一弱女子耳，而深情無限，復以簡淡出之，自是偉作。

餞別自解

陳．樂昌公主

今日何遷次①，新官對舊官②。
笑啼俱不敢，方驗作人難③。

作者

樂昌公主，南朝 陳後主之妹。按孟棨《本事詩》云：陳太子舍人徐德言尚後主妹樂昌公主，陳政衰，德言謂主曰：「以君之才容，國破必入權豪家，斯永絕矣。倘情緣未斷，尚冀相見，宜有以信之。」乃破鏡各執其半，約他年正月望日賣於都市。陳亡，主為楊素所得，寵嬖殊厚。德言依期至京，見有蒼頭賣半鏡，出半鏡合之，題〈破鏡詩〉一絕曰：「鏡與人俱去，鏡歸人不歸。無復嫦娥影，空留明月輝。」主得詩，悲泣不食，素知之，召德言還其妻，置酒共飲，因命樂昌為詩，詩曰：「今日何遷次，新官對舊官。笑啼俱不敢，方驗作人難。」後偕歸江南終老。

說明

此詩內容上饒有趣味性，一個皇家公主面對新舊兩個丈夫時，感慨難以做人的詩歌，情節離奇，生面別開，允稱佳構。而措辭簡要得體，態度不卑不亢，面面俱到，的確是良工心苦，令人擊節稱賞。表現出皇家閨秀高雅不俗的氣度，自然迥異凡品。全篇短小精悍，富有人生妙理。

註釋

①遷次：窘迫，尷尬。按明．馬鑾〈樂昌公主詩〉：「遷次相逢似夢魂，作人難處兩難言。」即詠此事。

②新官舊官：古時妻稱夫為官人。新官指楊素，舊官指徐德言。

③驗：體會之意。

集評

①明．鍾　惺《名媛詩歸》：老於涉世，語幾於女鄉愿矣，然是苦境逼出。不喜其慷慨，正喜其宛曲，不然，則不復合鏡矣。……無限情事在「遷次」二字。

②清．陸　昶《歷朝名媛詩詞》：苦心曲意，難處出來。

附錄

①代越公房妓嘲徐公主　唐・李商隱

笑啼俱不敢，幾欲是吞聲。
遽遣離琴怨，都由半鏡明。
應防啼與笑，微露淺深情。

②代貴公主　唐・李商隱

芳條得意紅，飄落忽西東。
分逐春風去，風迴得故叢。
明朝金井露，始看憶春風。

按貴公主即樂昌公主。此二首詩猶是一問一答，都是嘲諷樂昌公主既不敢笑，亦不敢哭，幾乎沒有任何聲音。文字遊戲之成分甚重，頗富有詼諧幽默的情趣。

感琵琶絃詩

北齊・馮小憐

雖蒙今日寵，猶憶昔時憐①。
欲知心斷絕，應看膝上絃。

作者

馮小憐，北齊 穆后之婢女，後來穆后愛衰，把小憐配給後主 高緯，號為續命。小憐聰穎敏慧，長於歌舞，尤擅琵琶，後主極寵之，立為左皇后。北齊淪亡後，小憐被北周武帝 宇文邕所獲，武帝將她賜給代王 達。一日，小憐侍代王 達彈琵琶，絃偶斷，於是有感而發。詳見《北史・馮淑妃傳》。

說明

此詩為即事命題之作，緣物託意，將積蓄已久的鬱悶傾瀉而出，內心暢快之情表露無遺。

「欲知心斷絕，應看膝上絃」為借題發揮之句，把真情表現出來，毫不猶豫掩飾，可見作者對愛情的堅貞不二。且全詩由「今」「昔」二字形成強烈的對比，藝術性極佳。作品雖短小，但真情流露，明白曉暢，將北國女子之愛情風貌顯現無遺。與王維〈息夫人〉有異曲同工之妙，可以同參。

註釋

①憐：寵愛之意。

附錄

①**息　夫　人**　唐・王　維

莫以今時寵，能忘舊日恩。
看花滿眼淚，不共楚王言。

②**北　　齊**二首　唐・李商隱

一笑相傾國便亡，何勞荊棘始堪傷。
小憐玉體橫陳夜，已報周師入晉陽。

其　　二

巧笑知堪敵萬機，傾城最在著戎衣。
晉陽已陷休迴顧，更請君王獵一圍。

③**哀　瀋　陽**二首　民國・馬君武

效李義山〈北齊詩〉體

趙四風流朱五狂，翩翩胡蝶最當行。

溫柔鄉是英雄冢，那管東師入瀋陽。

其　　二

報急軍書夜半來，開場絃管又相催。

瀋陽已陷休迴顧，更抱佳人舞幾回。

按民國二十年（西元1931年）九月十八日日本軍閥大舉入寇，攻佔瀋陽，舉世震驚。時我東北軍總司令張學良在北京正與交際花趙四小姐（名一荻，排行第四，畢業於天津某高中，1936年西安事件後與張學良締結鴛盟，長相廝守，歷時幾達七十年，2000年病逝美國 夏威夷，享壽八十七歲。）、朱五小姐（朱姓，排行第五。）及名電影演員胡蝶跳舞狂歡，嚴重失職，廣西大學校長馬君武博士乃作此詩以痛責之，立即引起全國人民之共鳴。

十索 四首

隋·丁六娘

裙裁孔雀羅①，紅綠相參對。
映以蛟龍錦②，分明奇可愛。
粗細君自知，從郎索衣帶。

其二

爲性愛風光③，偏憎良夜促。
曼眼腕中嬌④，相看無厭足。
歡情不耐眠，從郎索花燭。

其三

君言花勝人，人今去花近。
寄語落花風，莫吹花落盡。
欲作勝花妝，從郎索紅粉。

其四

二八好容顏，非意得相關。
逢桑欲採折，尋枝倒懶攀。

欲呈纖纖手，從郎索指環。

作者

丁六娘，隋朝人，生平不詳。《詩紀》：「《樂府》作無名氏，《選詩拾遺》並作丁六娘。」詳見郭茂倩《樂府詩集》，本為十首組詩，今僅存六首。

說明

這是隋代具有民歌風味的一組情歌。通篇以女子口吻，描述其與所愛者兩情相悅的情景。一千四百年前男女戀愛往來的資料，由此得到很好的再現，對於了解隋 唐時期文化風俗是一個難得的文獻。

四首詩，各選一個側面，描繪年輕熱戀男女的生活場景，從觀賞愛人豔麗衣裳，到良宵秉燭相看的無厭無足；從人花相比的嬌嗔無限，到郊原攀枝折桑的嬌態，把芳華少艾的男女對青春幸福的美好追求，對異性相知的熱戀傾倒，表現得十分動人，無比清新。詩以女子口吻為中心，把那種羞羞怯怯又落落大方的兩面性情，描摹得極為真實，女子的美麗、嬌柔、爽朗、聰慧，又有點小脾氣的個性非常鮮明。每一首詩第五句的突兀反應，五、六句間心態動作的轉折性發展，最見女主人公的精神。

在藝術表現上，前二首與第四首，描繪與說明，具體圖畫與籠統敘寫相映相輔，既可知可感，又催人聯想，由樸素到風華。第三首虛筆側寫，別出機杼。而每一首於固定的綰結位置上作「從郎索」的三字反覆，又渲染了女主人公的溫婉多情，強化了回環唱嘆之勢，更增加全詩意緒的纏綿。措詞坦率，略無掩飾，與傳統女性之含蓄嬌羞者迥異。

註釋

①孔雀羅：織有孔雀花紋的高級絲織物。

②蛟龍錦：繡有蛟龍的美錦。

③風光：此指心儀對象的韻致風華。

④曼眼腕中嬌：曼眼，打開眼睛一直盯著看。腕中嬌，女子靠在男子手臂上，努力作出嬌姿美態。

送　　兄

唐·七歲女子

別路雲初起，離亭葉正飛①。
所嗟人異雁，不作一行歸②。

作者

七歲女子，唐 武則天時南海人，生平不詳。見《全唐詩》注。

說明

此詩為七歲女子奉武則天之命所作。

整體上看來，佈局穩妥，結體森密，用豐富的想像力，以葉飛比喻秋天，人雁對比而人不如雁，浮雲離亭表離別的意象等，突顯主題，緊繞題目而行。對場景的佈置十分成功，「別路」、「雲初起」、「離亭」、「葉正飛」、「人異雁」構成離情依依的景象，達到情景合一的美感效果。全詩的才情風格，均不在唐初諸家之下，七歲女子能有如此傑作，殊不易得，大概就是今天所說的「神童」或是「天才兒童」

吧。唐代詩歌之興盛，普及到稚齡兒童，更宜大筆特書。

註釋

①離亭：古代官道上的驛亭，人們常在此送別。

②一行歸：鴻雁飛行有序，排列成隊，或作「人」字形，或作「一」字形。

集評

①清・《全唐詩》注：女子，南海人。武后召見，令賦送兄詩，應聲而就。

②清・趙世杰《歷代女子詩集》評：陽關遠致。

③清・陸　昶《歷代名媛詩詞》：其上二句即景，下二句入情。四句乃是一片，二十字無一閒字，天機自得之妙。

袍　中　詩

唐．開元宮人

沙場征戍客，寒苦若爲眠①。戰袍經手作，知落阿誰邊。蓄意多添線，含情更著綿②。今生已過也，願結後生緣③。

作者

開元宮人，即唐玄宗 開元時代之宮女，姓名不詳。據孟棨《本事詩》云：「開元中，頒賜邊軍纊衣，製於宮中。有兵士於短袍中得詩曰：『沙場征戍客，寒苦若為眠。戰袍經手作，知落阿誰邊。蓄意多添線，含情更著綿。今生已過也，願結後生緣。』兵士以詩白於帥，帥進之。玄宗命以詩遍示六宮，曰：『有作者勿隱，吾不罪汝。』有一宮人自言萬死。玄宗深憫之，遂以嫁得詩人。仍謂之曰：『我與汝結今生緣。』邊人皆感泣。」

說明

這是一首宮女縫製戰袍時，浮想聯翩的詩。

全詩章法完整，敍次井然。「沙場征戍客，寒苦若為眠」，寫少女心地善良，體恤邊地戰士的辛苦寂寞。「戰袍經手作，知落阿誰邊」，表達出一面擔心一面遐想的情感。「蓄意多添線，含情更著綿」，進一步表達同情，同時也表明對愛情的追求。「今生已過也，願結後生緣」，宮女自知今生的愛情是絕望的，只有寄希望於來生。

通篇完全沒有雕琢做作，情意真摯，描寫少女心境層層深入，富有藝術感染力。

註釋

①若為眠：天寒地凍，怎麼睡得著呢。

②著：填入。

③後生緣：下輩子結為夫婦。按唐代佛教盛行，人們多相信輪迴之說。

題洛苑梧葉上

唐·天寶宮人

舊寵悲秋扇①，新恩寄早春。
聊題一片葉，將寄接流人。

作者

天寶宮人，生平不詳。

說明

《全唐詩》注：「天寶末，洛苑宮娥題詩梧葉，隨御溝流出。顧況見之，亦題詩葉上，泛於波中。後十餘日，於葉上又得詩一首。後聞於朝，遂得遣出。」此詩或作「一入深宮裏，年年不見春。聊題一片葉，寄與有情人」。

這首詩是宮女不幸命運的寫照，好比「秋扇」，隨時可能被遺棄，乃取自漢·班婕妤的〈怨歌行〉詩意。首句的「悲」字，包含了失去恩寵的宮女多少辛酸和眼淚，多少哀愁和悲怨。第二句寫隨著春天的到來，永巷中的宮女萌生了一線希望，因為河水將消融，可以作為向外傳遞消息的便捷工具。第三、四句緊承上句，姑且把自己的悲苦和希望題寫在這片梧桐葉上，也許哪位有情之人會得到它。言外之意，儘管喪失自由的人不能從苦難中解脫出來，但她那顆痛苦的心總可以得到些許的慰藉。悲涼之情，溢於言表。

註釋

①悲秋扇：秋扇至天涼則被人所棄，以喻婦女至年老色衰則被夫所棄。參看本書班姬〈怨歌行〉。

金　鎖　詩

唐・僖宗宮人

玉燭製袍衣，金刀呵手裁①。
鎖寄千里客，鎖心終不開②。

作者

唐僖宗宮人，生平不詳。

說明

《全唐詩》注：「僖宗嘗自內出袍千領，賜塞外吏士，神策將軍馬真於袍中得鎖及詩，主將奏聞，帝令真赴闕，以作詩宮人妻之。」

這是一首宮怨詩。作者藉由一面縫製戰袍，一面題詩，來表達內心的苦悶，最後也脫離了宮女的身分，得到美滿的姻緣。本詩章法完整，「玉燭製袍衣」，言日夜趕工縫製戰袍；「金刀呵手裁」，表示在天寒地凍的環境下辛苦完成戰袍；「鎖寄千里客」，寄鎖傳情，點出主題；「鎖心終不開」，哀傷自己的宮女命運。情感上層層深入，真摯動人，雖第三、四句平仄有誤，仍不失此詩的價值。而後人根據〈金鎖詩〉與〈袍中詩〉作成詞牌〈金縷曲〉，更提高了此詩在文學史上特定的地位。

註釋

①呵：吹氣使手變溫暖的動作。

②鎖：以鐵環相鉤連曰鎖，俗稱鐵鏈，可用作刑具。又鎖頭亦謂之鎖，俗稱門鍵，可作防盜之用。按第三句指鐵鏈，可以套住邊塞之戍客。第四句指鎖頭，言己長期憂鬱，鎖心終難打開。

紅葉題詩

唐・韓　氏

流水何太急，深宮盡日閒。
殷勤謝紅葉，好去到人間。

作者

韓氏，身世說法不一：一說是唐宣宗時的宮人，一說是唐僖宗時的宮人。

說明

孟棨《本事詩》：「顧況在洛，乘間與三詩友遊於苑中，坐流水上，得大梧葉，題詩上曰：『一入深宮裏，年年不見春。聊題一片葉，寄與有情人。』況明日於上游，亦題葉上，放於波中，詩曰：『花落深宮鶯亦悲，上陽宮女斷腸時。帝城不禁東流水，葉上題詩欲寄誰。』後十餘日，有人於苑中尋春，又於葉上得詩，以示況，詩曰：『一葉題詩出禁城，誰人酬和獨含情。自嗟不及波中葉，蕩漾乘春取次行。』」

這是一首希望藉由紅葉得到好姻緣的詩。「盡日閒」是詩眼，全詩的情感皆由閒情而起。「流水何太急，深宮盡日閒」，水流太急，宮女太閒，造成強烈對比的效果。「殷勤謝紅葉，好去到人間」，則筆鋒一轉，由訴願轉到憧憬，有如「山重水複疑無路，柳暗花明又一村」（陸游〈遊山西村詩〉），希望紅葉為自己帶來好姻緣，這也是身為宮女唯一的希望。

寄　夫

唐．陳玉蘭

夫戍邊關妾在吳，西風吹妾妾憂夫。
一行書信千行淚，寒到君邊衣到無。

作者

陳玉蘭，唐朝人。《全唐詩》載為吳人王駕之妻，生平不詳。以首句觀之，應是蘇杭地區人氏。

說明

這是一首妻子思念戍邊丈夫的愛情詩。

作者選用第一人稱，完全以內心獨白手法表達妻子對丈夫的思念之情。第一句採用「賦法」，講述夫妻分居兩地；第二句起進入細緻心理活動的描寫，由於西風驟起，想到邊塞的丈夫一定苦於寒凍，而引起憂夫的情緒，這是第一層的心理活動。由於憂慮丈夫的衣單身寒，想要寫信問候，同時寄禦寒衣物，這是第二層的心理活動。條理極為分明，層層深入作者的內心世界。其中詩人通過「一行書」、「千行淚」

的強烈對比，把紙短情長的意境形象化地表現出來。而且使用「當句對」的形式，每句詩都包含相對或相關的兩層意思，從而豐富了詩的層次，產生了回環往復、一唱三嘆的藝術效果。不但如此，還巧妙地選用複字，形成句中對的格式，增加詩的韻律感和聲調美。

全詩不著一個情字，卻寫得字字是情，句句是情，洋溢著妻子對丈夫的真情蜜意，譽之為古今第一情詩，應可當之無愧。

附錄

①憑 欄 人 寄夫 元・姚 燧

欲寄君衣君不還，不寄君衣君又寒。

寄與不寄間，妾身千萬難。

②采 桑 子 別情 宋・呂本中

恨君不似江樓月，南北東西，南北東西，只有相隨無別離。　　恨君卻似江樓月，暫滿還虧，暫滿還虧，待得團圓是幾時。

金　縷　衣

唐．杜秋娘

勸君莫惜金縷衣①，勸君惜取少年時。
花開堪折直須折，莫待無花空折枝②。

作者

杜秋娘，晚唐 金陵女子，工詩詞，初為鎮海節度使李錡妾，後錡謀反伏誅，秋娘入宮，有寵於憲宗。穆宗時命為皇子傅母，後賜歸金陵。杜牧有〈杜秋娘詩〉。

說明

此詩原為勸人愛惜光陰、努力讀書而作，但內容卻被轉變成及時行樂或把握愛情之意，原意反而不彰。

全詩多用隱喻，「金縷衣」比喻豪華生活，「花開」比喻美好的時光，饒有藝術趣味。而且「實字」與「虛字」配合得十分巧妙，重疊之處頗多，非但不累贅，反而造成迴環宛轉的韻律效果，成為家喻戶曉之作。

按：這是一首樂府絕，全篇平仄均不合近體詩之格律。

註釋

①金縷衣：在唐人詩中有四種意義：第一種是壽衣；第二種是宗教中的金縷僧伽黎衣或仙女的「天女倒披金縷衣」；第三種是歌妓的華衣；第四種是金線織成的華貴衣服。本詩意指第四種。

②花開二句：堪，可以。直須，應該。此二句以折花為喻，勉勵年輕人應珍惜時光，奮發向上，含有「少壯不努力，老大徒傷悲」(漢樂府〈長歌行〉)之意。

集評

①今・班友書《中國女性詩歌粹編》：杜秋娘本為江南有名的歌舞妓，以善唱〈金縷衣〉聞名，李錡是唐朝宗室，做過鎮海節帥，理所當然也就佔有了她。這首詩的原意，主要是勸人及時行樂，這和中晚唐士大夫、官僚們的糜爛生活是相適應的。杜秋娘幾經患難，回到江南，幸遇詩人杜牧，為她寫了〈杜秋娘詩〉，她的藝名才終於流傳了下來。

②今・楊鴻儒《唐代絕句評譯》：這首詩用比喻的手法，告誡人們要珍惜光陰，頗為人所傳誦。但亦曾為人所誤解，以為提倡及時行樂。

送　友　人

唐‧薛　濤

水國蒹葭夜有霜①，月寒山色共蒼蒼②。
誰言千里自今夕，離夢杳如關路長③。

作者

薛濤，晚唐 長安人，字洪度。幼隨父入蜀，後為樂妓，能詩善書，歷事十一鎮。晚歲居成都之浣花溪畔，創製深紅色小箋寫詩，人稱薛濤箋。

說明

這是一首送別的詩。

前兩句以秋浦夜景烘托別情，在一個新寒似水的秋夜，薛濤和朋友話別於背山臨水的地方。清冷的皓月照耀著蒼山，水邊蘆葦瑟瑟，白露冷冷，放眼看去，蘆葦和山共呈「蒼蒼」之色。這番景象，使人凜凜生寒。詩人把特定空間和時間內的景色攝入詩內，構成了饒有韻味的離別境界。特別是「蒹葭」節用了《詩經‧秦風‧蒹葭》一詩中的詞句來表現全詩豐富的內涵。「蒹葭」一詞不但寫出了「蒹葭蒼蒼，白露為霜」的眼前之景，而且暗含了「所謂伊人，在水一方」的失望之意，表達了友人遠去，再見不得的迷惘難捨之情。具有玩味不盡的豐富含義和濃厚的感情色彩，能喚起人們對相關事物的聯想。字雖少，卻使淒婉依戀的一股潛藏思緒充溢於其間，浮想聯翩，纏綿不盡。「共蒼蒼」把景物融為「蒼蒼」一色之中，情景渾成一體之內，寓情於景，氣韻飛動，是抒情寫景的佳句。

後兩句寫離情，句中多轉折。「誰言千里自今夕」是一轉折，言友人去地遙遠，含無限惜別遺憾之情。但是「誰言」兩字，對此遺憾又作否定，從苦語中宕出勸慰之意，認為只要情意深，心相通，千里又有何礙？於屈抑處見情意之深厚執著。「離夢杳如關路長」又是一轉折，從「關路長」可知友人去邊地，再見不易，這原本應是遺憾的苦語。但是「離夢杳如」又變苦語為誓語，不管路途多遙遠，詩人在夢中就追隨到哪裏。夢中能相會，路途遙遠又何妨？這兩句詩層層轉折，寫盡好友分別時的難堪之情和以慰語出之的難離之情，此非深於情者不能道。

此詩化用前人詩意，於短小篇幅中蘊積了豐富含義，寫情幾經曲折，層層推進，有含蓄而深沈之妙。《四庫全書提要》稱「此詩與〈竹郎廟〉一詩，向來為人所傳誦。」此二詩與〈柳絮〉詩復被韋縠收入《才調集》，並備加推挹。

註釋

①水國句：水國，指水鄉，即詩人送別朋友之地。蒹葭，即初生的蘆葦。

②蒼蒼：青色。

③杳：遙遠。

集評

①明・徐用吾《唐詩選脈會通評林》：情景亦自濃豔，卻絕無脂粉氣，雖不能律以初盛門逕，然亦妓中翹楚也。

②明・周　珽《唐詩選脈會通評林》：征途萬里，莫如關塞夢魂無阻，今夕似之，非深於離愁者，孰能道焉。

③明・鍾　惺《名媛詩歸》：月寒乎？山寒乎？非「共蒼蒼」三字不能摹寫。淺淺語，幻入深意，此不獨意態淡宕也。

上王尚書①

唐·薛　濤

碧玉雙幢白玉郎，初辭天帝下扶桑②。
手持雲篆題新榜③，十萬人家春日長。

說明

此詩在頌美王播、王起兩兄弟。

前兩句寫王播，即王尚書。「碧玉雙幢白玉郎」寫王播相貌堂堂，儀態大方，既有節度使的尊貴威嚴，又有文人的儒雅風度，寫出王播到四川上任時的盛大隆重場面。「初辭天帝下扶桑」說王播剛剛辭別了皇帝，由長安到四川，有期待其鎮蜀有功之意。詩句不媚不卑，甚見分寸。

後兩句寫王起的政績，專頌其懂得慎選英才，「手持雲篆題新榜」說他能秉持公正之心，精選俊才，榜上題名之人皆為國家棟樑之士。「十萬人家春日長」寫春榜一發，長安城一片歡騰，描繪發榜後的盛況頗真實，讚美王起的貢獻。

此詩選材極佳，一詩寫兩人，各有所側重，筆力集中，全詩聯貫一氣，不覺割裂。詩人情感真摯，對王播表歡迎和期望，對王起則歌頌讚揚，態度鮮明，甚是得體。

註釋

①王尚書：禮部尚書王播，唐憲宗 元和十三年（西元818年）至長慶元年（821）為成都尹，劍南、西川節度使。

②扶桑：古謂為日出處，此借指四川。

③雲篆：對節度使官印的美稱。篆，官印。

集評

①明·鍾 惺《名媛詩歸》：逸而動，絕不帶媚氣。

②明·黃周星《唐詩快》：此〈折楊〉、〈皇華〉之章也，何意於櫻脣荑腕得之。

海　棠　溪

唐·薛　濤

春教風景駐仙霞，水面魚身總帶花。
人世不思靈卉異①，競將紅纈染輕沙②。

說明

這是頌美海棠溪的名作。

自唐以降，宋、元、明、清各代詩人吟詠海棠的傳世名篇頗不少見，但是謳歌同海棠相關聯的川溪山野的卻不多見，所以薛濤的這首〈海棠溪〉堪稱其中的佼佼者。這首詩既描繪了海棠的美妍，也勾勒了溪水的靈秀，而且花溪交融，相得益彰。

開頭兩句即緊扣詩題。第一句寫海棠盛開時的穠麗嬌嬈的手姿神采，如同天際飛來的一片富有仙靈氣韻的彩霞一般。第二句既寫溪水，又寫海棠，兩者融為一體。小溪從盛開的海棠花下緩緩流過，不但水面上，而且在游動著的魚兒身上，都飄浮著、沾染著海棠的花瓣。溪畔落英繽紛，溪中魚游水底，形成一幅妍秀的「海棠溪流圖」。

三、四兩句，詩人觸景生情，借景抒情，為一般絕句的標準筆法。說明世間人不認識海棠溪畔海棠花的特異之處，大家紛紛到海棠溪去漂洗紅色絲製衣物，以致把清澄溪水中的細沙都染紅玷污了。詩人借用世人不知珍愛海棠溪來抒發自己不肯與世俗同流的高貴情懷。

綜觀全詩，前兩句寫景，後兩句抒情，儘管筆法頗為娟秀，但是詩人並未特意雕琢，因而讀來彷彿渾然天成，雋永有味。

註釋

①靈卉：即仙花，指海棠。

②紅纈：纈，指有花紋的絲製品。紅纈，即帶有花紋的紅色絲織物。

集評

①明．鍾　惺《名媛詩歸》：鮮明灼灼，以用意得之，而氣仍奧衍，絕不欲為繁飾也。

②明．黃周星《唐詩快》：妍秀絕倫。

江　月　樓

唐・薛　濤

秋風彷彿吳江冷，鷗鷺參差夕陽影。
垂虹納納臥譙門①，雉堞眈眈俯漁艇②。
陽安小兒拍手笑③，使君幻出江南景。

說明

本詩描繪出夕照下江月樓一帶的景致，是一首頗見功力的寫景詩。

前四句寫極目遠眺之景，是四幅靜物寫生畫。金風振振，在茫茫河水上激起環環漣漪，雖有一絲涼意，卻不感蕭瑟，頗似置身於江南的吳江一樣。這從視覺和感覺上寫出的空曠開闊之景，帶有蜀地初秋水景的特點。詩人的視線由水面移到水邊，於是出現了「鷗鷺參差夕陽影」的絕妙好景。在水邊，有鷗鳥三兩結伴而飛，牠們飛得有快有慢，高低不一，鷺鷥有的佇立遠眺，有的低頭覓食。這些，在夕陽的映照下，參差不齊，構成了一幅幅形態各異的剪影。這是把夕陽和水邊禽鳥聯繫起來寫的景物，具有一種朦朧之美。

三、四句寫的是彩虹和城門景色。「垂虹納納臥譙門」寫彩虹如拱，橫跨天空，遠遠望去，如臥於譙門之上，這是多麼壯美的景色。「雉堞眈眈俯漁艇」用擬人手法突出城牆的威嚴莊重。這兩句疊字運用自然，不見雕琢之痕，在描繪事物上平易見深致，大大增強了藝術表現力。

以上四句都是詩人目之所及，由遠而近，由小而大，由朦朧而清晰，循序寫出，有層次，有格局，有特點，有明度，把秋天黃昏江月樓之景的靜穆美寫得十分成功，做到了「物色從詩出」，景象如在眼前。

最後兩句的人物動態描寫，使靜穆的景色憑添了活力。「陽安小兒拍手笑」寫不諳世事的小兒亦為美景所吸引，不禁拍手歡呼雀躍，可見景色之絢麗動人。詩人認為這種美景使人目睹後腦中不時映出、幻出江南的勝景。當時的蜀地還屬荒涼邊遠之地，「使君幻出江南景」在景色的比較和聯想中再次突出江月樓景色之美，並和開頭的吳江遙相呼應，做到了首尾聯貫。

這首詩以細膩的筆觸畫出了美麗的景色，抒發了詩人怡然自樂的情趣，做到了詩在畫中、人在詩裏的妙趣。

註釋

①垂虹句：納納，廣大包容貌。譙門，即城門。

②雉堞句：雉堞，城上排列如齒狀的矮牆，作掩護

用，亦可以於其孔中窺望城下動靜。眈眈，注視的樣子。

③陽安：今四川 簡陽縣。

集評

①清・吳景旭《歷代詩話》：「垂虹」二句，風物流利，即疊字亦不虛下。

遊崇真觀南樓睹新及第題名處

唐·魚玄機

雲峰滿目放春晴，歷歷銀鉤指下生①。
自恨羅衣掩詩句②，舉頭空羨榜中名。

作者

魚玄機，唐代人，字幼微，約生於武宗 會昌五年（西元845年），卒於懿宗 咸通十二年（871）。自幼父母雙亡，十五歲賣與李億為侍妾，大婦妒之，遣送出家為道姑。後因誤殺婢女綠翹而見法，得年僅二十六歲。詳見皇甫枚《山水小牘》。

說明

此詩乃作者看進士放榜後發出憤憤不平的感慨而作，自恨身為女子，不能與男子競爭功名，一較長短。

「雲峰滿目放春晴，歷歷銀鉤指下生」，敘述終南山是長安名山，終年雲霧繚繞，趁雨後新晴出來散心，得見進士放榜名單，繕寫者之書法極佳。「自恨羅衣掩詩句，舉頭空羡榜中名」為抒情，作者認為自己的才學並不輸給男子，卻無資格參加考試，惟有仰天長歎，徒呼負負。

全詩以「自恨」為詩眼，描寫出恨之前、恨當中、恨之極致、恨之後的心情，貫穿整首詩。由此可以看出作者秉性高傲、激越，為女權運動之先驅者，本詩即是對封建社會男女不平等發出嚴重的抗議。

註釋

①銀鉤句：極言書法剛勁有力，有如鐵畫銀鉤。

②自恨句：自恨身為女子，空懷詩才，不能應舉。羅衣，指婦女的衣服。

集評

①明·鍾　惺《名媛詩歸》：風流豔冶，偏與文士相宜，故其語亦矜重自喜。

②今·班友書《中國女性詩歌粹編》：這首詩表現了她身為女子，不能像男子一樣獵取功名的憤慨心情。儘管這在她的生活上、思想上不過是電花一閃，但比那些僅把個人幸福寄託於男性恩寵的貴婦們，不知光彩多少倍。因為她還沒有喪失掉爭取做一個真正的「人」的心。

贈　鄰　女

唐·魚玄機

羞日遮羅袖，愁春懶起妝。易求無價寶，
難得有心郎。枕上潛垂淚，花間暗斷腸。
自能窺宋玉①，何必恨王昌②。

說明

這是一首詠懷而兼勸勉鄰女之作。

本篇為標準的五言律詩，兩句一聯，分別描述鄰女自卑感及傷春之意，鄰女愛情難求，暗自流淚，於是鼓勵她追求婚姻幸福等內容，為「描寫」「議論」、「描寫」「議論」的反覆循環筆法。在對仗方面，除首聯不甚工整外，其餘三聯都很工整，尾聯且為流水對。

作者藉此詩勸告鄰女要勇於突破傳統，崇尚愛情，追求婚姻幸福。由於觀念創新，引起後代諸多爭議，而予負面的評價。其實作者在鄰女身上看到自己的影子，想來鄰女也是婚姻失敗者，因此惺惺相惜之情形乎楮墨。

註釋

①窺宋玉：宋玉，戰國 楚人，富文才，美姿容。其〈登徒子好色賦〉云：「天下之佳人，莫若楚國；楚國之麗者，莫若臣里；臣里之美者，莫若臣東家之子。然此女登牆窺臣三年，至今未許也。」全句意在奉勸鄰女應化被動為主動，大膽的去追求自己所心儀的男子。

②恨王昌：《襄陽耆舊傳》：「王昌，字公伯，為散騎常侍，婦任城王 曹子文女。昌姿儀俊美，為時所共賞。」後人遂以王昌為美男子或情郎之代稱。全句意謂不必在意俊男不來追求。

集評

①明・鍾　惺《名媛詩歸》：嬌在無端生想便有，癡在全由慧性使成，非有才有色人，不能容易到也。

②清・楊肇祉《唐詩豔逸品》：字字傷神。

③今・班友書《中國女性詩歌粹編》：「魚玄機是繼李冶、薛濤之後，又一位才華過人的女詩人。她本是良家淑女，不幸的是剛屆破瓜之年，便失身李億為妾，而在那個社會，姬、妾、婢，都不外是小妻的別名。更不幸的是她又遭到遺棄而不得已淪為女冠，開始了她的神女

生涯，是頹廢？是抗議？還是報復？各種成分可能都有。她的遭遇，活生生地反映了封建社會是個逼良為娼的罪惡淵藪。她的詩歌，直率地表現了她敢於大膽地愛，大膽地恨。她不掩蓋她被遺棄後始終不渝地希望尋找一位真正愛她的人，但由於她的卑下地位，也始終沒有得到她所尋找到的對象，這就是她「紅顏薄命」的真正根源。甚至由此而產生了變態的嫉妒心理，導致虐殺侍女綠翹的慘案。此事《三水小牘》《北夢瑣言》均有記載。譚正璧《中國女性的文學生活》記之尤詳。是說她有位最要好的客人來訪，她不在家。回來時綠翹告訴了她。她疑心綠翹與客人有私，遂剝衣笞之，翹絕而復蘇，說：「煉師欲求三清長生之道，而未能忘解佩臨枕之歡，反以猜疑，厚誣清真，翹今必斃於毒手，無天則無所訴，若有，誓不蠢然於冥冥之中。」言畢氣絕。機大恐，祕埋園中。事發，罪當斬，死年還不到三十歲。

賦得江邊柳

唐·魚玄機

翠色連荒岸①，煙姿入遠樓②。影鋪秋水面，
花落釣人頭。根老藏魚窟，枝低繫客舟。
瀟瀟風雨夜，驚夢復添愁。

說明

此為詠物兼抒情之作。

前六句詠柳，後二句抒情，詠柳是為抒情作鋪墊，抒情才是詠柳的目的。「夢」「愁」乃詩眼，作者藉此抒發遠離親友，作客他鄉的愁緒；「荒」字充滿野趣；「入」字則拉進遠樓，使「翠色」、「荒岸」、「煙姿」、「遠樓」產生互動的關係；「鋪」則形容楊柳之多、之美；「窟」形容魚多。可見鍊字精審，言簡意賅。

作者自楊柳的顏色、姿態、影子、花、根、枝等各個不同角度描繪它在不同季節、不同環境的風貌，末句並引出詩人的愁緒，層層推進，句句踏實，手法別致，匠心獨運，自成一格，在詠柳詩史上佔有一席之地。全詩言淺意深，明白

如話，藉景抒情，婉曲有致，殆為詩人有意爭勝古人之作。

註釋

①翠色：指楊柳之影。

②煙姿：指煙霧飄浮的姿態。

集評

①明．鍾　惺《名媛詩歸》：影鋪兩句俱妙在神氣靜，語氣朗。

②清．黃周星《唐詩快》：「翠色」兩句，情景俱絕。

賣殘牡丹

唐·魚玄機

臨風興歎落花頻，芳意潛消又一春。
應爲價高人不問，卻緣香甚蝶難親。
紅英只稱生宮裏，翠葉那堪染露塵。
及至移根上林苑①，王孫方恨買無因②。

說明

此詩以殘紅自況，借惜花以自憐。

首聯二句，詩人模擬賣花人的身分，目睹牡丹臨風頻頻飄落，又是一年春將暮，因而引發無限的感慨。以此隱喻自己的青春芳華一年又一年地悄然逝去，儼然有「美人遲暮」的惆悵。

頷聯兩句，首先詩人以猜測的語氣自問道，為什麼牡丹殘時還賣不出去？怕是售價太高之故吧！再來以肯定的口吻自答道，應該是過於芳香才使那班世俗之徒望而卻步。

頸聯兩句，表面上是寫牡丹只應生長在宮廷的御花園裏，哪能禁得住郊野雨露風塵的浸染呢！而實際上是在哀傷自己生不逢辰，以至於沈淪墮落，不能自拔，流露出詩人對於自己名曰女冠實為娼妓的哀傷。

結尾兩句乃詩人的希冀、幻想、預言之詞。

此詩全篇未著一個「我」字，但是細心玩味，卻可在通篇的比興中，處處察覺詩人的哀愁。

註釋

①上林苑：宮苑名，秦建，漢武帝又增廣之。

②王孫：泛指貴族子弟。

集評

①明．鍾　惺《名媛詩歸》：如此語，豈但寄託，漸說向忿恨上去。千古有情人，所託非偶，便有不能自持以正意，此豈其人之罪哉，亦有以使之者矣。

冬夜寄溫飛卿①

唐·魚玄機

苦思搜詩燈下吟，不眠長夜怕寒衾。
滿庭木葉愁風起，透幌紗窗惜月沈。
疏散未閒終遂願②，盛衰空見本來心。
幽棲莫定梧桐處，暮雀啾啾空遶林。

說明

這是一首特殊贈答之作，詩人以直接陳事的「賦法」抒發了自己的孤寂苦悶之情，向詩友剖白了心事。

首聯兩句，敘寫詩人冬夜裏苦吟，以致長夜難眠的情景。第一句即和詩題緊相扣合，第二句則是第一句的必然結果，詩人把長夜不眠不是歸因於自己的「苦思搜詩」，而是說成「怕寒衾」，既增加了詩意的跌宕，也表現了詩人內心世界的矛盾。其實苦吟、不眠與寒衾三者之間是互為因果的，所以這一聯短短十四個字，卻把詩人的孤苦生活描述得淋漓盡致。

頷聯兩句緊承上句描寫的「不眠長夜」的感受。可以想像詩人獨臥在冷被之中，耳朵聽著滿院落葉颯颯作響，目光透過帷幔、紗窗，看這月亮漸漸西沈，不免引起一陣惆悵。韶光時序的自然變化，不能不在詩人那敏銳的感覺中留下痕跡，從而產生青春易逝之慨歎。第三句中，詩人把已經失去生命的枯葉擬人化，這種修辭手法，使得詩意顯得更加委婉曲折，扣人心絃。

腹聯兩句，寫詩人心境淡泊，欲過與世無爭的生活卻不可得的無奈之情。

尾聯兩句，以鳳凰棲息於梧桐樹比喻自己所選擇的棲身之所，然而事與願違，反而惹起那班不知鴻鵠之志為何物的籬間鷃雀，終日啾啾喈喈，圍繞著梧桐噪聒不已。詩人採用的是比喻手法，把自己嚮往清靜高潔，同那般凡夫俗子的無聊干擾，極為形象地描摩出來。

統觀全詩，可以看作詩人於失愛後墮入風塵的生活與心境的生動寫照。

註釋

①溫飛卿：晚唐詩人溫庭筠，字飛卿，太原人，文思敏捷，擅詩、詞、駢文，辭藻華麗，風格穠豔，有《溫飛卿集》。

②閒：容許。

集評

①明・鍾　惺《名媛詩歸》：如此反非怨恨之情矣，幽意自閒，深情既冷，可使歡怨兩忘。

寄飛卿

唐・魚玄機

階砌亂蛩鳴①，庭柯煙露清。月中鄰樂響，
樓上遠山明。珍簟涼風著，瑤琴寄恨生。
嵇君懶書札②，底物慰秋情③。

說明

這是一首尋常應酬之作，描寫在一個月光如水的秋夜裏，詩人抒發自己寂寞孤獨的心情和對友人的思念。

首聯寫居處的清幽寂靜，呈現一幅典型的清秋夜景。亂蛩和煙露都是秋夜戶外之景，緊扣主題。

頷聯由近而遠，寫月色下鄰歌的悅耳，山光月影的怡人。登樓遠望，本來模糊不清的一片遠山，卻灑滿清輝，明晰可見。

頸聯則轉入寫自己孤獨愁慘的處境。坐臥竹席之上，感到夜寒襲人。撫弄琴瑟之際，羈愁離恨油然而生。此時此地，零丁孤苦，無人能解，滿懷愁緒，何處可訴？

尾聯抒寫對友人的思念，詩人在淒涼寂寞之中感到惟有平日互相酬酢贈答的友人才能相慰。然而友人卻如嵇康一樣懶於覆信，讓自己在秋風蕭瑟之中拿什麼來寬慰孤寂的內心呢？

大抵而言，此詩寫得真切坦率，直抒胸臆。上半寫景，下半抒情，融情於景，情景相生，月下笙歌，清景無限，引出獨上高樓，空自徘徊，君書不至，夜寒風淒，羈旅蹙恨，百無聊賴。信筆寫來，自然妥貼，韻致深厚，耐人尋味，且於各聯之間，過度照應，蟬聯緊密，絲毫沒有累贅冗繁之嫌。

註釋

①蛩：蟋蟀。

②嵇君：指嵇康。康性疏懶，親友致書，常不作覆。事見《嵇中散集・與山巨源絕交書》。按此借指溫庭筠，怨飛卿不肯寄書信與己。

③底物：何物。

集評

①今・班友書《中國女性詩歌粹編》：魚玄機在她所交往的諸名士中，似與溫飛卿往還較密。在她的遺詩中有兩首是給溫的（另一首是〈冬夜寄溫飛卿〉），已足可窺見他們的友情。不過《全唐詩》所載全部溫庭筠詩中，卻不見有

致魚玄機的詩，大概在他們看來，與「跡近倡優」的女冠往來，不過是逢場作戲罷了。

早　　秋

唐·魚玄機

嫩菊含新彩，遠山閒夕煙。涼風驚綠樹，
清韻入朱絃。思婦機中錦，征人塞外天①。
雁飛魚在水，書信若為傳②。

說明

這是一首早秋詠懷詩。

首聯兩句由近而遠，寫出早秋景物的特點。第三句繼續寫景，第四句兼及人事活動。金風初起，綠樹不免被驚，一個「驚」字把樹給擬人化了，讀來不禁令人心動。「清韻入朱絃」是承上起下的句子，在新秋的一派明麗景色前面，自然引起詩人的雅興，賦詩之外再弄絲竹，「清」字用得傳神，面對早秋的美景，自然是清韻雅曲才足以傳遞詩人的情愫。

頸聯與尾聯，運用事典以抒情。「思婦機中錦，征人塞外天」為竇滔之妻蘇蕙織錦寄情的故事，藉以抒發對於羈旅未歸的戀人的思念。這裏的「征人」與「塞外天」當是虛指，喻指羈旅在外的戀人。「雁飛魚在水，書信若為傳」用了魚雁傳信的典故，儘管書信已寫就，怎奈無人投遞，也是枉然。詩的結尾塗上一層淡淡的悲劇色彩，從而增加了此詩的藝術感染力。抑有進者，這裏所抒發的淡淡哀愁與首、頷兩聯的明麗歡快形成了鮮明的對比，這種意境上的反差，越發能激起讀者情感上的共鳴。

此詩前半寫景，後半抒情，寫景筆筆緊扣詩題，抒情與寫景聯繫自然，渾若天成，不著斧痕。

註釋

①思婦二句：用竇滔妻織錦為回文之事。前秦大將軍竇滔遠徙流沙，其妻蘇蕙思之，織錦為回文詩凡八百餘首以寄滔。事見《晉書・竇滔妻蘇氏傳》。

②雁飛二句：古人以為魚雁能傳書信。分見《漢書・蘇武傳》及古樂府〈飲馬長城窟行〉。

集評

①明・鍾　惺《名媛詩歸》：此等詩，俱妙在氣韻靈轉，而雅厚足以達之。他人作刓削語，非不深秀，卻無此凝靜而和遠也。

湖上臥病喜陸鴻漸至

唐·李　冶

昔去繁霜月，今來苦霧時。相逢仍臥病，
欲語淚先垂。強勸陶家酒①，還吟謝客詩②。
偶然成一醉，此外更何之。

作者：

李冶，中唐吳興人，字季蘭，曾為烏程女道士，晚歲被召入宮。後因上詩叛將朱泚，為德宗所撲殺。其詩工鍊流暢，神韻自逸。

說明：

這首詩是寫自己與好友陸羽相逢的情景。詩題雖為〈湖上臥病喜陸鴻漸至〉，卻以苦情貫穿始末。

首聯屬對工整，交代了離別和重逢的時令，詩人捕捉了蕭條冷落的景象來烘托感情。「昔去繁霜月」寫離別在秋夜，地上鋪了一層厚厚的白霜，空中一輪冷月高懸。「繁」字寫出了霜的厚重感，透視了離人的淒涼心境。「今來苦霧時」寫正在冬日霧氣瀰漫、詩人愁苦之時，兩人重逢了。明白點出「苦」字，為下文寫重逢情景下了基調。

頷聯寫相逢情景，正是詩人著力描寫的地方。作者用了毫無雕飾的平實語言，把同好友重逢時那種難以狀摹的內心激動和苦楚白描出來，寫得十分感人。「相逢仍臥病」是對己而言，說明自己是多病在身。「仍」字在時間上貫穿了從分離到再見的一段長時間，至於這期間，詩人在病中的幾多痛苦，幾多思念，幾多企盼，就盡在不言中了。詩人對長期臥病的自憐自惜之情也包含在「仍」字中，這個字真是言淺意深。「相逢仍臥病」對上文的「苦」字作了一個方面的具體補充。「欲語淚先垂」是對好友而言，詩人長期纏綿牀褥，十分寂寞孤獨，一旦好友到來，該有多少貼心話要說，有多少衷腸要訴。可是既見之後，卻悲傷得說不出一句話來，只有大滴大滴的淚珠奪眶而出。「欲語淚先垂」，淒婉而逕直地概括了難以訴說的深悲心態，常為人所襲用。宋代女詞人李清照的名句「物是人非事事休，欲語淚先流」，很明顯的是受了此詩句的啟迪。值得注意的是，頷聯本來應該要對仗，詩人卻緣情而發，不拘格律，在效果上有氣脈貫通、以情感人之妙。（按王維〈輞川閒居詩〉：「寒山轉蒼翠，秋水日潺湲。倚杖柴門外，臨風聽暮蟬。」首聯對仗工整，頷聯不對，明顯違背近體詩格律，世多無間言，反以「偷春格」解之。玄機之作，或即濬源於此。）

頸聯兩句，寫詩人和陸羽在相逢後飲陶淵明酒，吟謝靈運詩，十分融洽。「陶家酒」、「謝客詩」，既說明了兩人有共同的嗜好，是詩友，又點出兩人在品格上的一致，都是淡泊之人。李冶是道姑，陸羽則是隱士。「強勸」一詞寫出了飲酒、吟詩仍在悲中進行，吟詩、飲酒是為了止悲。這仍是在寫詩人的悲傷，在相逢後還是悲從中來，久久未息。

結句「偶然成一醉，此外更何之」，是以無可奈何的語氣，寫出自己只有從偶然的酒醉中才能暫時忘卻痛苦，除此之外是別無他法。

全詩以苦貫之，寫出了「世外之人」所受塵世的煩惱。詩人有一種痛心疾首的苦衷，卻被強壓下去，未能傾吐。這使我們感到在像李冶這樣女子，遁入空門，受禮教道規約束，滿腹才華不為人所理解，坦誠社交，招人非議，她所遭受的痛苦是濃重而無法擺脫的。這首詩中所反映出來的痛苦心態只是她在這種環境中形成的典型心理的一種反映，風格不纖弱，無雕飾，寫得灑脫坦白，無脂粉氣。

註釋

①陶家酒：晉詩人陶淵明志趣高潔，曾任江州祭酒、鎮軍參軍、彭澤令。性嗜酒，在縣公田悉令種秫以釀酒，云：「令吾常醉於酒足矣。」見《晉書》本傳。

②謝客：南朝 宋詩人謝靈運，小名客兒，故稱謝客。見《宋書》本傳。

集評

①明．鍾 惺《名媛詩歸》：微情細語，漸有飛鳥依人之意矣。

②今．班友書《中國女性詩歌粹編》：李冶是我國文學史上一位傑出的女詩人。在唐代詩壇上她和薛濤、魚玄機是女詩人中三顆閃灼的明星。有人把李冶列為「女冠文學」之首，未免吝嗇。高仲武站在男性角度，說她「上方班姬則不足，下比韓英則有餘，不以遲暮，亦一俊嫗。」其實她是詩人，班姬是史學家，不可以隨便比。還說她「形器既雌，詩意亦蕩，自鮑照以下，罕有其倫。」看似評價很高，但又帶有明顯的輕藐。劉長卿說她是「女中詩豪」，比較切當。從上所選八首詩來看，殊少綺羅香澤之態，情感真實，不矯揉造作。如「相逢仍臥病，欲語淚先垂。」出語自然。如「萬里江西水，孤舟何處歸。」至於「遠水浮仙棹，寒星伴使車」，逼近盛唐。說她「俊嫗」不公平，即置於大歷十才子中，又何嘗遜色。

寄校書七兄

唐·李　冶

無事烏程縣，蹉跎歲月餘①。不知芸閣吏②，
寂寞竟何如。遠水浮仙棹③，寒星伴使車④。
因過大雷岸⑤，莫忘幾行書。

說明

這是一首用詩寫成的家書，寫給詩人的七兄，像閒話家常一樣隨意而親切。

首聯從自己談起，「無事烏程縣，蹉跎歲月餘」，淡淡兩筆，說出了詩人在家鄉的心境。「蹉跎」，意謂把時光白白耽誤過去幾將年餘。「無事」兼「蹉跎」除說百般無奈的心境外，還有不甘虛度年華的意味，一絲歲月催人的遲暮感自然流露而出。這兩句詩的言外之意是，一切都好，七兄可以不必掛念。這雖是說自己，卻是告慰七兄。

起首兩句已暗含了「寂寞」兩字，頷聯接得自然。「不知芸閣吏，寂寞竟何如」，是由己及人的問話，對七兄離故鄉，別親人，在前往朝廷任職途中孤單落寞的情境表現了無

限的體貼和惦念。尋常語道出了骨肉關切的至情，意味雋永。感情至此，就脫口而問，此處「不必對仗」，而「神韻自逸」。李冶的五律，頷聯常不對仗，任憑內容情感的要求徑直寫去，敢於突破格律，在藝術上追摹王維，創新求變。

前四句以淡語抒發了濃厚之情，到頸聯處轉以景語寫情。「遠水浮仙棹，寒星伴使車」被譽為「五言之佳境」，是詩人想像七兄旅程情況，慰問舟車之勞。上句寫水程，一江清水向遠處流去，水天連成一片。一葉征帆在浩渺的水面上漂浮，漸行漸遠，頗有「孤帆遠影碧空盡」的意味，在懇摯的關懷中含依戀、嚮往之情。下句寫在寒星點點的夜空下，一輪使車披星戴月，日夜兼程。這使車孤獨夜行的一個鏡頭，不但寫出旅途的辛勞，也顯出了旅途的寂寥。惟有寒星作伴，何等冷落，怎不令詩人牽腸掛肚呢？這兩句詩以格律相制約，使全詩在隨意中又顯工致，在詩的整體上起了支撐和協調作用。

最後詩人信手拈來一個典故，自然作結。南朝詩人鮑照離家時，作〈登大雷岸與妹書〉，敘述了旅途情景及離家的悲愁。詩人以鮑照妹妹鮑令暉自況，借大雷岸作書事，殷切叮嚀七兄，要頻寫家信。這個典故用得貼切，豐富了詩的內容。結句如起句，自然出之，抒發了真摯的骨肉之情。循格律又破格律，任意揮寫又富含蘊，堪稱五律詩中雋品。

註釋

①蹉跎：虛度時光。按高仲武《中興間氣集》作「差池」，猶言「幾乎」，亦通，二義可以互參。

②芸閣吏：「芸閣」即祕書監，朝廷藏書的官署。「芸閣吏」即校書郎，此處代指七兄。

③仙棹：舟船之美稱。

④使車：政府官員所乘坐的車子，猶今之公務車。

⑤大雷岸：地名，在安徽 望江縣。鮑照有〈登大雷岸與妹書〉。

集評

①明．周　敬《唐詩選脈會通評林》：七、八用事入化。

②明．胡應麟《詩藪》：「遠水浮仙棹」二語，幽閒和適，孟浩然莫能過。

③明．唐汝詢《唐詩選脈會通評林》：三、四不必對偶，神韻自逸。

④明．鍾　惺《名媛詩歸》：聲律高亮，即用虛字，亦自得力，此全在有厚氣耳。用事不膚不淺，自然情致，只「遠水」、「寒星」，略涉意便妙。

⑤清．邢　昉《唐風定》：工鍊造極，絕無追琢之跡。

⑥清．黃周星《唐詩快》：竟是詞壇老手。

⑦清．沈德潛《唐詩別裁集》：不求深邃，自足雅音。

相　思　怨

唐．李　冶

人道海水深，不抵相思半。海水尚有涯，
相思渺無畔。攜琴上高樓，樓虛月華滿。
彈著相思曲①，絃腸一時斷②。

說明

這是一首寫女子相思的怨情詩，詩題是〈相思怨〉，但是詩作不見一怨字，詩人以不怨之怨寫出勝於怨的相思之情，句句透骨情語，把抽象的怨情揮寫得淋漓盡致。以五言古體出之，尤見馨逸自然。

詩人獨處閨房，寂寞難耐，無法排遣的思念之情使她要一吐為快，於是自言自語，直抒自己的相思愁苦之深廣。相思之情是不具形象的東西，既看不見，亦摸不著。但是詩人從自己的深刻感受出發，藉和海水作比較，就把這種感情很具體的表達出來了。

第一聯是從深度上比，海水深不可測，但是它卻比不上詩人相思之情的一半。第二聯從廣度上比，海水雖浩瀚廣闊，但是它總有邊際，然而詩人的相思卻是無邊無際的，可見相思之廣。雖然這樣的比喻不免誇張，人們卻從中感到詩人所負荷的感情重量已使她力有未逮，這就自然引起下面的上樓彈琴。這種寫法，不但有化抽象為具體之效，還使詩情向遼遠、幽深之處伸展。

「樓虛月華滿」的「虛」字，寫出了因人少而樓空的環境氣氛，也透視了詩人對月圓人缺的惆悵無依之情，「虛」字下得有力。「彈著相思曲」這句詩，字少情多，寫出了琴曲引起的心理反映，直入詩人感情的幽微之處，且為讀者保留了很多想像的餘地。

此詩的前半部分寫人物語言，以明喻作比較，把詩人的相思寫得婉轉纏綿。後半部分寫人物行動，以白描手法寫出特定環境中人物的內心，情景融合無間。全詩不著一「怨」字，而怨情滿紙，境界全出。

按本篇創作靈感殆得之於李白之〈玉階怨〉：「玉階生白露，夜久侵羅襪。卻下水晶簾，玲瓏望秋月。」全篇無一字言怨，但從美人隔簾望月，徹夜未眠的動作中，即可覷知其怨正深，其恨正長，而有人月相憐相惜的同命感。可見詩人雖時地不同，興懷各別，而其創作技巧則常有雷同之處。

註釋

①相思曲：樂府清商曲辭吳聲歌曲之名。

②絃腸：指琴絃與人腸。

集評

①明・鍾　惺《名媛詩歸》：直語能轉，便生出情來，此全從靈氣排宕耳。

②明・黃周星《唐詩快》：此女冠之彈〈相思曲〉，亦猶任夫人之書相思字耳。但幸而書遇好風，則心與字俱圓；不幸而曲怨滿月，則腸與絃俱斷。相思海中，苦樂固天淵耶。

春閨怨

唐·李　冶

百尺井欄上，數株桃已紅。
念君遼海北①，拋妾宋家東②。

說明

此詩是代言體，詩人用思婦的口吻來寫閨怨。

前兩句寫在井欄邊上，桃樹上有幾枝桃花已然綻放，灼灼如火，這桃花是思婦眼前之景中最能牽動感情的客觀景物。桃花透露了春的訊息，引起了思婦的聯想與感觸：桃花芬芳又是一年春，良人卻還未歸來；桃紅滿枝，轉眼就是花事闌珊，人如花似玉，但是青春難駐。總之，就是這幾株單純的桃花，使她倍感春閨寂寞，生發出無限的怨情。

後二句是思婦即景而發之情。思婦自況東鄰之女，既自炫美貌，又恐良人無情，這是一種怕被拋棄的典型心理。「念君遼海北」，含有懷思、眷戀、懸念之情。「拋妾宋家東」，是思婦的懷疑之詞，含有疑懼、微嗔、責怪之意，表現了思婦愁怨交加，似失望而又有期待的複雜情緒。借助桃花這一客觀物質，表現了思婦的懷傷念遠的情感，塑造了春閨怨的感情形象。

這首小詩形象單純，詩意明朗，語言清新，寓工巧於自然渾成之中，頗有俚歌意味。

註釋

①遼海北：遼海，即遼東，因南臨渤海，故又稱遼海。唐時征戍常去遼海。遼海北，指極遠的地方。

②拋妾句：自比為宋玉東鄰之女。宋玉〈登徒子好色賦〉：「天下之佳人，莫若楚國；楚國之麗者，莫若臣里；臣里之美者，莫若臣東家之子。東家之子，增之一分則太長，減之一分則太短，著粉則太白，施朱則太赤。眉如翠羽，肌如白雪，腰如約束，齒如含貝，嫣然一笑，惑陽城，迷下蔡。然此女登牆窺臣三年，至今未許也。」

集評

①明·鍾　惺《名媛詩歸》：殊難為情。

八　至

唐·李　冶

至近至遠東西，至深至淺清溪。
至高至明日月，至親至疏夫妻。

說明

這是一首富有理趣的六言詩。

詩人認為任何事物的極限都是變化的，不是絕對的，因而對待世態人情都要持通達的態度。圍繞這一觀點，詩人用生活中常見的淺近事實，組成四組形象作印證說明：一條大路向東向西兩頭伸展，距離有近有遠；彎彎溪流，淙淙作響，有的深不見底，有的淺可現石；日月高懸空中，光輝普照大地，該是最高最亮的事物了，但是太陽有日出夜伏，月有陰晴圓缺；在人際關係中，夫妻是最親密的了，有的夫妻白頭偕老，但是也有夫妻反成怨偶。這些形象在統一的論題下，既呈現了事物的千變萬化之態，又通體一致，形成了特有的情韻，既有鮮明的形象性，又有深刻的哲理性，生動地表現了生活的規律，反映了詩人樸素的辯證思想。

這首詩做到了雅而不奧，俗而不淺，是建立在詩人具有較深的生活感受，和較強的表達能力的基礎上。詩情洋溢，理趣盎然。

集評

①明·鍾　惺《名媛詩歸》：字字至理，第四句尤是至情。

②明·黃周星《唐詩快》：六字出自男子之口，則為薄倖無情，出自婦人之口，則為防微慮患，大抵從老成歷練中來，可為惕然戒懼。

元宵觀燈

唐．某道姑

一輪明月萬家燈，燈月交輝映鳳城。
月色輝煌燈影裏，燈輝閃爍月華中。
佳人賞月燈前立，才子觀燈月下行。
但願此燈共此月，燈光不滅月長明。

作者

唐代某道姑，生平不詳。

說明

這是一首心裁別出，突思奇想的七言律詩，每一句都有「月」和「燈」，緊緊扣題，極富詩趣。惟第四句「中」字出韻，「中」字是上平聲一「東」韻，「城」「行」「名」三字是下平聲八「庚」韻，絕對不能通轉，疑傳抄有誤，待考。

附錄

元　夜　民國・張佐辰（惠康）

母剪輕羅姊畫龍，為兒製得小燈籠。

蓬萊火樹今如許，那抵當年一點紅。

按此為1976年詩人在台灣過元宵節，見火樹銀花輝煌燦爛，乃追憶兒時母姊聯手製作簡陋燈籠，供其玩樂之作。張氏字惠康，生於清末，籍隸江蘇 徐州。1949年渡海來台，在台北執業律師，工詩，有聲於時。本篇自言幼時家貧，上元之夜，無錢購買燈籠，其母與姊乃聯手趕作小燈籠，供其玩樂，以免傷害幼小心靈。如今台灣社會富裕，勝過當年之蘇北千萬倍，花燈之美，自不待言，但又何能與母姊親手製作之燈籠相比。詩中充滿滄桑之感，沈淪之痛，母姊之愛，羈旅之悲，故能騰播眾口，震撼詩壇，共推為千百年來元夜詩壓卷之作。

下獄貢詩

前蜀・黃崇嘏

偶辭幽隱在臨邛①，行止堅貞比澗松。
何事政清如水鏡②，絆他野鶴在深籠。

作者

黃崇嘏，五代前蜀臨邛（今四川邛崍縣）人，性敏慧，擅文詞。曾被誣下獄，於是作詩呈獻蜀相周庠，周庠極為賞識，薦攝司戶參軍。後因周庠欲以女妻之，而暴露其女兒身，於是歸隱，不知所終。詳見《歷代畫史彙傳》。

說明

此詩乃是獄中自陳冤屈之作。

「偶辭幽隱在臨邛，行止堅貞比澗松」為自我表白，以澗松喻品行高潔，自然貼切。「何事政清如水鏡，絆他野鶴在深籠」則轉為凜然發問，賢者當政，弊絕風清，不應有冤獄發生才是。

全詩除第一句外，其餘皆用比喻法，以「野鶴」喻自己，以「深籠」喻監獄，言語明快，簡潔有力，真是巾幗不讓鬚眉，堪稱女中豪傑，閨閣翹楚。

註釋

①幽隱：指安靜的生活。

②何事：為什麼。

辭蜀相妻女

前蜀・黃崇嘏

一辭拾翠碧江湄①，貧守蓬茅但賦詩。
自服藍衫居郡掾，永拋鸞鏡畫蛾眉。
立身卓爾青松操②，挺志鏗然白璧姿③。
幕府若容爲坦腹，願天速變作男兒。

說明

這是一首有趣的辭婚詩。由於作者女扮男裝，且能力極強，使宰相想以女妻之，便貢詩表明自己的女兒身，古來絕無此事，故信筆寫來，詼諧有趣，令人發噱。

「一辭拾翠碧江湄，貧守蓬茅但賦詩」，對比寫出兩種情況，出身貧寒，且又飽讀詩書。「自服藍衫居郡掾，永拋鸞鏡畫蛾眉」，說明自己被宰相賞識而任職，只能潛默自守，不敢暴露身分。

「立身卓爾青松操，挺志鏗然白璧姿」，筆鋒一轉，表明操守志向。「幕府若容為坦腹，願天速變作男兒」，此聯扣題，婉言推辭宰相美意，而且感到遺憾。

全詩呈現對比的趣味，入獄前後、入仕前後、立志立身、男女對比等，筆調靈活脫俗，而且詞語靈巧，節奏明快，性格坦率，情意真摯。與魚玄機之「自恨羅衣掩詩句，舉頭空羨榜中名」，雖際遇不同，寄情各別，所以自傷，其致則一。

註釋

①一：語助詞，無義。

②卓爾：正直貌。

③鏗然：原指金屬碰觸之聲，借以形容志向堅定。

集評

①班友書《中國女性詩歌粹編》：女扮男裝，在前有木蘭從軍，在後便是黃崇嘏了。她們都是傳奇式的人物。在被剝奪了從事一切社會活動的封建社會的婦女們，黃崇嘏的行動無疑是一種叛逆，卓文君也是位叛逆的女性，但她反叛的對象，只限於家庭，黃崇嘏的對象則是整個社會。她在任司戶參軍時，處事公正敏捷，居然使衙吏們無不畏服。可惜她辭官回家後，一貧如洗，默默以終。她的驚人歷史，她的才能，在黑暗的封建社會，像一閃即逝的電火花，給人們留下了許多美好的想像。「願天速變作男兒」，這是代表了在封建重壓下女性意識的覺醒。

述國亡詩

後蜀・花蕊夫人

君王城上豎降旗，妾在深宮那得知。
十四萬人齊解甲①，寧無一個是男兒②。

作者

花蕊夫人，五代後蜀主孟昶妃，四川青城人。姓費，真實名字不詳，花蕊夫人為其封號。資質穎秀，尤工詩文，饒有才情，所作〈宮體詩〉百首膾珍眾口，盛稱於世。後蜀亡，歸宋太祖趙匡胤，後為太祖弟光義所殺。

說明

此詩為花蕊夫人被押解到汴京，趙匡胤接見，於是口占一絕。簡單說明祖國淪亡的哀痛，言簡意賅，十分得體，完全沒有責備丈夫之意，但申訴亡國之時自己一無所知，並諷刺軍人的無能。

全詩皆用對比：孟昶與歷代英明的君王、亡國非己之責任與歷代亡國的美女、敵方與我方軍隊人數等，為暗比；十四萬人均非大丈夫則是明比。在義正詞嚴之中仍不失藝術的美感。

從此詩可看出作者不卑不亢、不諂不媚的態度，殆得之於學養之深厚，稟性之明慧，比起晉 羊皇后痛責故夫惠帝，頌揚新主劉曜，確實高明許多。蕭泛之〈讀晉史詩〉：「金谷樓頭視若無，此身斷不負齊奴（按齊奴為石崇小名，此句言綠珠為其殉情於金谷園之樓頭）。可憐司馬家兒婦，正喜劉郎是丈夫。」事詳《晉書・羊后傳》。

註釋

①解甲：解除武裝，即投降之意。

②寧無：難道沒有。「寧」一作「更」。

集評

①宋・陳師道《後山詩話》：費氏，蜀之青城人，以才色入蜀宮，後主嬖之，號花蕊夫人，效王建作〈宮詞〉百首。國亡，入備後宮。太祖聞之，召使陳詩。誦其〈國亡詩〉云：「君王城上豎降旗，妾在深宮那得知。十四萬人齊解甲，更無一個是男兒。」太祖悅。蓋蜀兵十四萬，而王師數萬爾。

②清・薛 雪《一瓢詩話》：何等氣魄，何等忠憤，當令普天下鬚眉一時俯首。

③清·陸　昶《歷朝名媛詩詞》：所作〈宮詞〉，清新俊雅，具有才思，想其風致，自是一出色女子。而多才薄命，流離以死，惜哉。

④今·班友書《中國女性詩歌粹編》：這首〈述國亡詩〉見於《後山詩話》：說她「入備後宮，太祖聞之，召使陳詩，誦其國亡詩云……」詩對蜀軍貪生怕死，微露譴責，同時也表示自己頗有不甘。陸游《老學庵筆記》疑為偽作。這是有根據的：五代時蜀人何光遠《鑑戒錄》就有條記載：言王衍降時，後唐 興聖太子隨軍王承旨者，詠衍出降的詩云：「蜀朝昏主出降時，銜璧牽羊倒繫旗。二十萬人齊拱手，更無一個是男兒。」何光遠與孟昶同時人，離王衍最近，這條記載也比較可靠，與花蕊夫人這首詩基本一致。可能是後人出於同情，將王詩改了一下，促成佳話，也未可知。至於說她畫孟昶像，偽稱張仙，以騙趙匡胤，恐怕更屬編造了。

寄　父

北宋·王安石女

西風吹入小窗紗，秋色應憐我憶家。
極目江山千里恨①，依然和淚看黃花②。

作者

宋 王安石長女，臨川人，名字生平不詳，出嫁吳丞相之子寶文閣待制吳安持為妻，能詩善文，封蓬萊縣君。

說明

這是一個少婦因為婚姻不美滿而向父親傾訴衷曲的怨詩。王安石之女嫁到山東，婚後夫妻感情不睦，而有思念家鄉之情，也寫出歷代婚姻不幸婦女的共同心聲。全詩樸實無華，情意真摯，不用典，不雕琢，自然流暢。

「西風吹入小窗紗」乃觸景生情，「秋色應憐我憶家」乃移情於景，「極目江山千里恨」乃以景寫情，「依然和淚看黃花」乃緣情寫景，章法完美無疵，可見家學淵源。

註釋

①極目：張大眼睛向遠處看。

②黃花：菊花別稱。

集評

①清·陸　昶《歷朝名媛詩詞》：吳安持妻思家心切，以詩寄父。公以新釋《楞經》與之，和詩曰：「青燈一點映窗紗，好誦《楞嚴》莫憶家。能了諸緣如夢幻，世間應有妙蓮花。」公非不欲其念家也，亦是強為酬答，叶韻而已。

②今·班友書《中國女性詩歌粹編》：此詩轉錄於謝無量《中國婦女文學史》，原載《宋詩紀事》。據同時人魏泰的《隱居詩話》云：「近世婦人多能詩，往往有臻古者，王荊公家最眾。吳安持妻蓬萊縣君，荊公之女也，有句曰『西風』云云，皆灑脫可喜也。」同書還言荊公之妻吳國夫人，亦善文詞。可見其女能詩，也是家學淵源了。謝無量說：「荊公得詩，以新釋《楞嚴經》與之，且和其詩曰：『青燈一點映窗紗，好誦《楞經》莫憶家。了得諸緣如夢幻，世間惟有妙蓮花。』」政治家尚且如此，做女兒的也只有聽天由命了。

附錄

次吳氏女子韻二首　北宋・王安石

南朝九日台，在孫陵曲街旁，去我園只數百步。

孫陵西曲岸烏紗，知汝淒涼正憶家。
人世豈能無聚散，亦逢佳節且吹花。

其　二

青燈一點映窗紗，好誦《楞嚴》莫憶家。
能了諸緣如夢幻，世間應有妙蓮花。

江　亭　怨

題　柱

北宋．吳城小龍女

簾捲曲欄獨倚，山展暮天無際。淚眼不曾晴，家在吳頭楚尾①。　　數點落花亂委，撲漉沙鷗驚起②。詩句欲成時，沒入蒼煙叢裏。

作者

吳城（今江西 永修縣）小龍女，當是北宋 英宗 治平（西元1064～1067年）前後人，姓氏生平不詳。《唐宋諸賢絕妙詞選》云：「詞中主人聲吻眉目，舉止行態，實一絕妙女子，何曾有神鬼氣。」

說明

這是一首飄泊在外的少女感物思鄉之作。

上片寫自己羈旅異地遠望故鄉的情景，通過對景物的描寫，創造出一種哀怨悲涼、淒楚動人的意境。使人與物、景與情渾成一體，水乳交融。

下片寫少女沈思凝望，看到沙鷗任意飛翔，而自己卻身在異鄉，有家難歸的感傷。「撲漉」為象聲詞，拍打著翅膀的聲音。這兩句仍是寫少女遠望中所見之景，表面上並未著墨到少女的內心世界，實際上沙鷗的不受羈絆，跟自己的受人羈絆卻作了強烈的對比，通過聯想和移情的作用，表現了無限的感傷。最後兩句，寫少女捕捉引人深思的景象入詩，彷彿一幅生動的圖畫，極富美感。

此詞最成功的地方，在於情景交融，契合無間，把人們的思想引向無際的暮天，引向瀰漫的蒼煙，使具體與抽象，有限與無限，得到完美的統一，從而產生一定的美感效果。

註釋

①吳頭楚尾：今江西省北部，春秋時為吳、楚兩國交界之地。其後遂成江西省之代稱。

②撲漉：拍翅聲。

集評

①今・龔學文《閨秀詞三百首》：全詞寫景詠物，緊扣異鄉隻身飄零之感，顯得新奇朦朧，自有特色。

鷓鴣天

北宋·竊杯女子

月滿蓬壺燦爛燈①，與郎攜手至端門②，貪觀鶴陣笙歌舉③，不覺鴛鴦失卻群。　天漸曉，感皇恩。傳宣賜酒飲杯巡。歸家恐被翁姑責，竊取金杯作照憑。

作者

竊杯女子，宋徽宗時人，姓名不詳，可能是民間女詞人，「竊杯女子」只是後之好事者根據詞意所題。

說明

此詞作於宋徽宗宣和六年（西元1124年），為農村少婦在宋徽宗面前偷了御用的酒杯，是為了向公婆交代。孟棨《本事詞》云：宣和間，上元張燈，許多仕女縱觀，各賜酒一杯。一女子竊所飲金杯，衛士見之，押至御前，女誦《鷓鴣天》詞云云，道君大悅，遂以金杯賜之，令衛士送歸。事又見《大宋宣和遺事》。

此作雖是匆促成詞，卻不失為傑構。而全篇通俗明白，敍事條理井然，在皇帝面前能如此驅遣自如，的確令人佩服。從這首詞可以看出，宋代填詞的風氣殆已普及於每個階層。在熱鬧的元宵佳節，皇帝與人民同樂，可見四海昇平，社會富裕。

按本詞相傳有二種版本，文字亦全然不同。茲將另一傳本迻錄於下，以供參照。惟玩味詞意，似以前者較富文采，鄉野女子而雋爽若是，殊不易得。

> 燈火樓臺處處新，笑攜郎手御街行。回頭忽聽傳呼急，不覺鴛鴦兩處分。　　天表近，帝恩榮。瓊漿飲罷臉生春。歸來恐被兒夫怪，願賜金杯作證明。

按：天表，猶天顏，指皇帝的儀容。

註釋

①蓬壺：即蓬萊與方壺，古時傳說為仙人居所，在渤海中。

②端門：宮殿正門。

③鶴陣笙歌：指京城內元宵盛況。

悟道詩

宋・比丘尼

終日尋春不見春，芒鞋踏遍嶺頭雲①。
歸來笑捻梅花嗅，春在枝頭已十分②。

作者

宋代某比丘尼，生平不詳。按《元詩紀事》收錄此詩，題名為梅花尼所作，惟坊間各版本多作宋人，今從之。

說明

這是一首領悟佛理與哲理的詩。

全詩內容分為兩部分，一是求道，一是悟道，說明孔子「道不遠人」、孟子「道在邇而求諸遠」的道理，是「佛」、「儒」合一的詩。詩題一作〈詠梅〉。

「盡日尋春不見春，芒鞋踏遍嶺頭雲」，分別從時間、空間來求道，「盡日」指時間之久，「踏遍」指行程之遠，作者用時間、空間兩方面來尋找春天的蹤跡，可見其求道之認真與虔誠。

「歸來笑捻梅花嗅，春在枝頭已十分。」說明悟道之簡易，不必遠求，只在身邊鄰近之處，自可輕易求得。作者透過「嗅」、「已」二字表現對道的領悟，有陸游〈遊山西村詩〉「山重水複疑無路，柳暗花明又一村」的喜悅；而最後一句和宋祁〈玉樓春詞〉「綠楊煙外曉寒輕，紅杏枝頭春意鬧」亦有異曲同工之妙。尤其「嗅」字用得可圈可點，把梅花的暗香突顯出來，歷代詩人多為暗香所陶醉，「嗅」可以勾出梅花的精魂傳神，又可流露出作者悟道後會心的微笑。所以這雖是一首悟道詩，卻不流為理障、枯澀，且十分生動，可讀性很高，使人不覺得它富有禪味，可見此比丘尼是位聰明活潑、快樂達觀的青年出家人。

按此詩意境與宋 辛棄疾〈青玉案詞〉「眾裏尋他千百度，驀然回首，那人卻在、燈火闌珊處」接近，歷來為人視為珍膾，經久不衰。

又按佛教禪宗六祖慧能與師兄神秀同奉五祖弘忍之命各作一偈語，神秀之作，顯然尚未悟道，還在修行途中；而慧能之作則已大徹大悟，直承靈鷲之妙旨，故能榮登六祖寶座。與此詩靈趣相同，爰附錄於後，以供參鏡。

註釋

①芒鞋：簡陋的鞋子，俗稱草鞋，常為古代僧尼所穿。今已改為尼龍或皮革所做之涼鞋。

②十分：言十分春色，春意濃郁。結尾二句意謂尋春不見，回來看到梅花盛開，清香撲鼻，始知春情洋溢，春意已濃。

集評

①宋·羅大經《鶴林玉露·道不遠人》：子曰：「道不遠人。」孟子曰：「道在邇而求諸遠。」有尼〈悟道詩〉云：「盡日尋春不見春，芒鞋踏遍隴頭雲。歸來笑撚梅花嗅，春在枝頭已十分。」亦灑脫可喜。

②明·鍾　惺《名媛詩歸》：大似情語。

③清·陸　昶《歷朝名媛詩詞》：〈梅花〉絕句，人皆稱善，因號為梅花尼。詩有悠然自得之趣，此尼直已悟道，不特詩句之佳也。

④今·班友書《中國女性詩歌粹編》：此詩見於《元詩紀事》，但《元詩別裁》卻不選。作為抒情小詩，如置諸《別裁》或《千家詩》中，亦不遜於其他諸家。詩題名為〈詠梅〉，實為尋春，不過也非時序之春。拈花一笑，此中禪理，當非踏破芒鞋所能尋得。而言外之味，又遠不止於拈花一笑。所謂涉淺水者見蝦，其深者見魚鱉，其尤深者見蛟龍也。

附錄

①菩提樹偈　唐・神　秀

身是菩提樹，心如明鏡台。

時時勤拂拭，勿使惹塵埃。

②菩提樹偈　唐・慧　能

菩提本無樹，明鏡亦非台。

本來無一物，何處惹塵埃。

菩薩蠻 春景

北宋·魏夫人

溪山掩映斜陽裏，樓臺影動鴛鴦起。隔岸兩三家，出牆紅杏花。　　綠楊堤下路，早晚溪邊去。三見柳綿飛①，離人猶未歸②。

作者

魏夫人，北宋 襄陽人，名阮，字玉汝，生卒年不詳，魏泰之姊，丞相曾布之妻，封魯國夫人。

說明

此詞為作者懷念丈夫而作，但全篇無一哀傷之意，頗為特別。

上片純粹寫景，下片情景兼具。「溪山掩映斜陽裏」、「隔岸兩三家」、「綠楊堤下路」、「離人猶未歸」為靜景；「樓臺影動鴛鴦起」、「出牆紅杏花」、「早晚溪邊去」、「三見柳綿飛」為動景，動靜交疊，運用得十分靈活。整首詞以「溪山」為詞眼，涵蓋著小溪隱約，樓台倒影在小溪上，小溪對面有兩三人家，牆邊有杏花，綠楊堤在小溪邊，不免想起當年送別丈夫的情景，言詞十分精鍊。其中「出牆紅杏花」為南宋 葉紹翁〈遊小園不值詩〉「春色滿園關不住，一枝紅杏出牆來」所轉化，堪稱千古名句。

註釋

①柳綿：即柳絮。按結尾兩句乃是從唐・王昌齡〈閨怨〉中「忽見陌頭楊柳色，悔教夫壻覓封侯」脫胎而出，作者用得靈活，以柳綿喻良人，同樣不失為警句。

②離人：指配偶之離別在外者，一般指丈夫。

集評

①《雅　編》：魏夫人有〈江城子〉、〈卷珠簾〉諸曲，膾炙人口，其尤雅正者，則〈菩薩蠻〉云云，深得〈國風・卷耳〉之遺。

②宋・朱　熹《朱子語錄》：本朝夫人能文者，惟魏夫人及李易安二人而已。

③明・楊　慎《詞品》：使在衣冠之列，當與秦七、黃九爭雄。

④清・陳廷焯《白雨齋詞話》：魏夫人詞筆，頗有超邁處，雖非易安之敵，然亦未易才也。

⑤清・陸 昶《歷朝名媛詩詞》：詞筆疏秀，無一拖沓之語，是從能文得來，晦翁稱之，有以哉。

⑥今・班友書《中國女性詩歌粹編》：不過宋代婦女能文詞者極多，何止魏、李二人。這種觀點，影響極深，至今有些選家們，仍然側重名媛貴婦。即在貴婦中，魏也不若易安成就大。但從魏的小詞來看，也確為詞中高手，儘管所寫的不外是閨情，也即思婦的離愁別恨，就當時而言，也是可以理解的。她們的物質生活是優越的，所缺者丈夫的溫存與慰藉；同時古代社交不自由，男女接觸難，加之交通不便，一別便是經月經年，難免有牛女之嘆，這就是這類詞產生的心理因素。從詞中可以看出她對外界的氣候變化，聲音動態，極其敏感，甚至隱隱的漏聲，這正反映出女性作者情感的細膩。她的詞語言自然，音節流暢，如「隔岸兩三家，出牆紅杏花」，「三見柳綿飛，離人猶未歸。」其次，語言的情感色彩濃，如「怯輕寒，莫憑欄，卻怕東風，吹恨上眉端。」凡此都顯露出她的過人才華。據說曾布 元豐間帥慶州，往來潼關，她作詩戲之云：「使君自為君恩厚，不是區區愛華山。」立意新巧，一時傳誦。

鷓　鴣　天

寄別李生

北宋・聶勝瓊

玉慘花愁出鳳城①，蓮花樓下柳青青②。樽前一唱〈陽關〉曲③，別箇人人第五程④。

尋好夢，夢難成，有誰知我此時情。枕前淚共階前雨⑤，隔箇窗兒滴到明⑥。

作者

聶勝瓊，北宋 長安名妓，生卒年不詳。性聰慧，善填詞，為當朝禮部屬官李之問所愛戀，後嫁李之問。

梅禹金《青泥蓮花記》：「李之問解長安幕，詣京師改秩。都下聶勝瓊，名倡也。質性慧黠，李見而喜之。將行，勝瓊送別，餞飲於蓮花樓下，唱一詞，末句曰：『無計留君住，奈何無計隨君去。』因復留經月。為細君督歸甚切，遂飲別。不旬日，聶作一詞寄李云：『玉慘花愁出鳳城，蓮花樓下柳青青。樽前一唱〈陽關曲〉，別個人人第五程。尋好夢，夢難成，有誰知我此時情。枕前淚共階前雨，隔個窗兒滴到明。』蓋寓調〈鷓鴣天〉也。之問在中路得之，藏於篋底，抵家為其妻所得。問之，具以實告。妻喜其語句清麗，遂出妝奩資夫取歸。瓊至，即棄冠櫛，損妝飾，委曲事主母，終身和悅，未嘗稍有間隙焉。」

說明

此為送別之詞。

上片寫離別時的景象，下片寫離別後的孤單。起句以送別入題，「玉」、「花」喻己，「慘」、「愁」顯示淒涼的內心世界。「樽前一唱〈陽關〉曲，別箇人人第五程」，點明送別的地點，以〈陽關〉一曲相應，觸及了送別人的情懷，以客觀的景色來傳達主觀的感受。「尋好夢，夢難成，有誰知我此時情」，極寫相戀之深，思念之切，以至徹夜難眠。「枕前淚共階前雨，隔箇窗兒滴到明」，借夜雨的氣氛渲染，把孤獨之情映襯出來，實為情景交融之筆。「慘」、「愁」為詞眼，充分反映出作者的內心世界，為真正的悲劇人物。

全詞淒婉動人，纏綿悱惻，文情並茂。

註釋

①玉慘花愁出鳳城：我懷著憂愁淒慘的心情送你走出長安城。「玉」和「花」均比喻自己。鳳城，指故都長安。

②蓮花樓：作者餞別李生的地方。

③樽前一唱〈陽關〉曲：在餞別的酒席上，唱一支送別的歌曲。樽，酒杯。〈陽關曲〉，唐 王維〈送元二使安西〉有「勸君更盡一杯酒，西出陽關無故人」之句，此詩在當時即被譜為樂府歌曲，稱為〈陽關三疊〉，古人送別時常唱此曲。

④別箇人人第五程：送別親愛的人，到今天他大概已經走了五個站了。人人，那個人兒，對親昵的人的稱呼，這裏指李之問。第五程，第五站。程：里程，古時一站為一程。

⑤共：與。

⑥明：天亮。

集評

①清．況周頤《蕙風詞話》：勝瓊〈鷓鴣天〉詞，純是至情語，自然妙造，不假雕琢，愈渾成，愈穠粹。於北宋名家中，頗近六一、東山。方之閨幃之彥，雖幽棲、漱玉未遑多讓，誠坤靈間氣矣。之問之妻，能賞會勝瓊詞句，既無見嫉之虞，尤有知音之雅。委曲以事，和悅終身，吾為勝瓊慶得所焉。

②今．龔學文《閨秀詞三百首》：上片寫女主人公在蓮花樓為李之問餞別的情景。當時女主人公懷著憂愁難捨的

心情為所愛的人唱著送別曲，兩人灑淚而別。「別個人人第五程」，離別後還想到心愛的人兒走了幾站路，由此可見是多麼記掛在心了。下片寫別後對心上人的思念。自從李之問走後，女主人公一直想在夢中與他相見，但卻好夢難成，於是只好整夜在枕邊流淚。結句用「階前雨」襯托「枕前淚」，把人的主體活動與雨夜的客觀環境緊密結合在一起，那枕邊的淚水和台階上的雨水一樣一直流到天亮，淚共雨長，雨滴心碎，可見她的淚水之多，對心上人思念之深。

全詞上片寫別，別中有情；下片抒情，情由別起，語言通俗，意境高超，顯示出一種具有獨特個性之美的魅力，難怪連李之問的妻子也為之感動了。

③今．黃漢清《女詩人詩選》：這是一首哀傷離別之詞，是作者送別情人歸來後所作。詞的上片寫送別時的情景。首句寫出城，「玉慘花愁」，起筆就顯得情濃，以比擬之詞描繪作者送別時愁容滿面，可見其相愛之深。二句寫餞別的地點、季節和環境。三句寫別宴。四句寫宴後送人登程。「第五程」雖不是確實數字，但可說是送了一程又一程，可見其難捨難分。

下片寫別後的愁苦、淒涼。先不寫愁，而說尋好夢，幻想在夢中相會。但想夢而偏偏夢不成，終於轉輾反側，淚滴衾枕，直至天明。最後兩句寫得極妙，妙在以雨襯淚，枕前滴淚，窗外滴雨，令人心碎，感人至深。

④今・段躍慶《歷代婦女詞百首選注》：這是一首抒寫送別之情的詞作。詞的上片回憶分別時的情景，下片寫別後的思念。並用〈陽關三疊〉穿插其間，文情並茂，充分表達了依依難捨的離情別緒。作者最後把窗內外的「枕前淚」與「階前雨」聯在一起寫，以雨襯淚，枕前滴淚，窗外滴雨，雖從溫庭筠〈更漏子〉「梧桐樹，三更雨，不道離情正苦。一葉葉，一聲聲，空階滴到明」化用而來，然而卻寫得翻新出奇。前者僅寫雨聲對內心感情的觸動，而本詞卻把人的主體活動與客體環境緊密結合在一起，令人一掬同情之淚。

減字木蘭花

題雄州驛壁

北宋．蔣興祖女

朝雲橫度，轆轆車聲如水去①。白草黃沙②，月照孤村三兩家。　　飛鴻過也，百結愁腸無晝夜。漸近燕山③，回首鄉關歸路難。

作者

蔣興祖女，北宋 宜興（今江蘇縣名）人。幼穎慧，能詩詞。據《宋史．忠義傳》載，欽宗 靖康年間，金兵南侵，蔣興祖時為陽武（今河南 原陽縣）縣令，城被敵軍包圍，他堅決抵抗，至死不屈，妻小都同時罹難，惟此女被擄北上。

說明

此詞是宋欽宗 靖康二年（西元1127年）金國派大軍攻打北宋，汴京淪陷，徽 欽二帝與貴族三千多人被擄至五國城。作者是十七、八歲美麗女子，父母殉難後，為金兵押解至燕京，途經雄州（今河北 雄縣）驛站，此時國仇家恨一起湧上心頭，因此寫下了這首詞。

全篇分上下兩片，上片偏重於寫景，下片偏重於抒情，可說是景中含情、情中帶景之作。而且章法完整，技巧高明，每兩句即有一意：第一意是描述離開陽武縣時看到天上的雲彩和同行的俘虜。第二意是描述路上白天晚上所見之景。第三意是說明看到鴻雁南飛，引起哀傷，恐怕永遠不能重返故鄉。第四意是快到北京時，更想念自己的祖國與故鄉，並且斷定此生必將長羈異國。而其中「飛鴻過也」含有四層意思：⑴看到雁子南飛，意識到季節已是秋天。⑵羨慕雁子能南飛，自己卻不能。⑶羨慕雁子自由自在，海闊天空，而自己卻身繫囚車，可謂人不如雁。⑷馬上想到蘇武託雁傳書的故事，自忖被送到北方後恐怕永遠斷絕音訊。可說是言淺意深。此外，最後兩句「漸近燕山，回首鄉關歸路難」，說明愈往北走，就離鄉關愈遠，然後想起祖國、家園、父母、命運等等，不禁潸然淚下。

德國哲學家尼采說：「一切文學，余愛以血淚書之者。」此詞可謂一句一滴淚，一字一滴血，故能感人至深，傳誦千古。

註釋

①轆轆：車聲。

②白草黃沙：北方邊區荒涼景象之特徵。

③燕山：在河北省，此借指燕京，即今北京市。

夏日絕句

南宋·李清照

生當作人傑，死亦爲鬼雄。
至今思項羽，不肯過江東。

作者

李清照，號易安居士，生於北宋神宗元豐七年，卒於南宋高宗紹興二十一年至二十六年間（西元1084～1151至1156年），濟南章丘（今山東章丘縣）人。父格非，母是狀元王拱辰之女孫，皆工文章。幼有才藻，年十八，適太學生、金石家諸城趙明誠。靖康之變，倉皇南渡。建炎三年（1129），明誠病故，乃攜圖書及明誠遺著《金石錄》逃避兵亂，足跡遍江浙皖贛一帶，卜居金華。晚年寓居臨安。或依弟迒，老於金華。

李氏著作，據著錄有《李易安集》十二卷、《漱玉詞》一卷（別本五卷）、《易安居士文集》七卷、《易安詞》六卷等，均亡佚，現流傳之《漱玉詞》乃後人所輯。易安詞令、慢均工，擅長白描，善用口語，能煉字、煉句、煉意、煉格，形成「易安體」。南渡以後，詞的風格由清俊曠逸變為蒼涼沈鬱，多寓故國黍離之悲，對南宋 辛棄疾、陸游、劉辰翁等詞人影響深遠。

說明

這是一首借古諷今、抒發悲憤的詠史詩。因為南宋的外交失敗，君臣都抱著苟且偷安的心態而不願北伐。作者假借項羽不肯渡過江東重新報仇而自殺的歷史事件來諷刺南宋的腐敗，因此帶有概括性與涵蓋性，能引起大眾的共鳴。

李清照的作品詞多於詩，以至於詩的名氣往往被詞所掩蓋，很少人稱讚她的詩作。而其詞是標準的婉約派，其詩則大多是豪放派，各具特色，亦各有藝術成就。

按今人徐培均《李清照集箋注》（上海・上海古籍出版社2002年版）詩題一作〈烏江〉。

集評

①明・鍾　惺《名媛詩歸》：嶔崎歷落，出人想外，殊不屑為兒女語。

②今・徐北文《李清照全集評注》：這是一首雄渾宏闊的詠史詩，也是一首膾炙人口的言志詩。李清照在這首詩中，不以成敗論英雄，對楚 漢之爭中最後以失敗而結束了自己的鬥爭生涯的楚霸王 項羽，表示了欽敬和推崇。

從而向人們展示了這樣一種人生哲學——活，要活得昂揚，出類拔萃，有聲有色；死，要死得壯烈，英武慷慨，可歌可泣。總而言之，人要有氣節。

③今·班友書《中國女性詩歌粹編》：〈夏日絕句〉實際也是詠史，通過對項羽不肯忍辱偷生的贊頌，鞭撻了南宋以趙構為首統治集團，他們偏安江南一隅，害怕北上抗敵。是一夥貪生怕死，屈辱求和的政治庸人。表現同樣思想傾向的尚有她的逸句「南渡衣冠少王導，北來消息欠劉琨。」「南來尚怯吳江冷，北狩應悲易水寒。」面對南宋當時投降派佔優勢的小朝廷，以詩歌為武器，能態度鮮明的進行譴責和諷刺，這確實需要有相當膽識的，婦女之中，也只有易安一人而已。

偶　成

南宋・李清照

十五年前花月底，相從曾賦賞花詩①。
今看花月渾相似②，安得情懷似昔時。

說明

此詩乃作者於宋高宗 建炎三年（西元1129年）趙明誠去世後追憶十五年前婚姻生活幸福美滿之作，為李清照婉約詩的代表作之一。

在寫作技巧上，明顯以對比方式來寫，丈夫死前兩夫妻形影不離，相親相愛，歡樂無窮；丈夫死後倍感孤單寂寞。整首詩僅二十八字，「花」、「月」卻重複出現五次，幾佔五分之一，推原其故，大概是因為作者對於婚前與婚後兩夫妻經常在花前月下喁喁細語，綿綿情愛的印象深刻，強調了今昔對比下的思念之深。此外，「似」字也用得好，反映出丈夫生前死後，作者心情的不同，可見其用字之精煉。

註釋

①賦：朗誦之意。

②渾：完全。

集評

①今·徐培均《李清照集箋注》：意境頗似唐·劉希夷〈代悲白頭翁〉：「年年歲歲花相似，歲歲年年人不同。」及張若虛〈春江花月夜〉：「人生代代無窮已，江月年年只相似。」又似清照自作之〈南歌子〉：「舊時天氣舊時衣，只有情懷不似舊家時。」皆以自然之永恆反襯人生之無常，語極切摯而又沈痛。

②今·沈家莊《李清照作品賞析集·偶成》：這首詩短短四句，緊緊扣住「花月」和「賞花」來寫，圍繞個人特殊經歷進行今昔對比，物是人非的主題表達得十分深切、沈痛、明快，而語言又閃爍含蘊。全用賦語，不事藻繪，也無比興，但內容含藏豐富，為宋詩正脈。語似平淡，但用心良苦，可以稱得上是「成於容易卻艱辛」的佳作。

春　殘

南宋・李清照

春殘何事苦思鄉，病裏梳頭恨髮長。
梁燕語多終日在，薔薇風細一簾香。

說明

這是作者晚年思鄉悼亡之作。詩人以悲切淒婉的筆調，抒寫了自己在飄泊中懷念家鄉、親人，以及整個北國山河的深摯感情。

詩篇一開頭就採用自我責備的發問語作提筆。詩人不說自己十分思念，反而責問自己為何一見殘春景色就格外思念故鄉，從反面在襯托詩人對家園的一片深情。而「苦思鄉」的「苦」字，更是形象地突出了詩人日夜思念，難以釋懷的悲苦情態。

接著詩人從自己晚年貧病潦倒的悲涼景況的描寫中，抒寫對故鄉的思念和愁苦情懷。「恨髮長」從字面看是說病中無力，髮長難以梳理，所以惱恨。但是仔細玩味，這「恨」卻蘊藏著無限辛酸，梳洗打扮原是女人喜愛的事，而今竟然惱恨起來，詩人自然要問，是誰使得自己這般貧病交加、窮苦潦倒？是誰給自己帶來這場國破家亡的深重苦難？又是誰使得自己無家可歸、飄泊異鄉？可見「恨」也充滿著家仇與國恨。

第三句仍是借眼前的景物引起聯想，屋梁上燕子成雙成對，與自己形單影隻恰成強烈對比。此句顯然是濬源於歐陽修的〈蝶戀花詞〉：「梁燕語多驚曉夢，銀屏一半堆香被。」

最後一句亦是由唐．高駢〈山亭夏日詩〉：「水精簾動微風起，滿架薔薇一院香」點化而來，寫自己正陷入沈思的時候，忽然颳起一陣風，送來滿簾薔薇的馨香。這裏結得頗為含蓄，表面上來看，似乎薔薇花開、微風送香，可能會使詩人的心情開朗些，但是這又哪能慰藉詩人對故國、對家鄉、對親人的苦思之情呢！這一筆收得欲開還合，似喜實傷，纏綿委婉，餘韻不盡。

集評

①清．陸　昶《歷朝名媛詩詞》：清照詩不甚佳，而善於詞，雋雅可誦。即如〈春殘〉絕句「薔薇風細一簾香」，甚工緻，卻是詞語也。

②今．王　璠《李清照研究叢稿．李清照的詩》：這首詩我們雖不能說那就是詞，但卻與詞境相接近。它的好處，在描繪出詩人的真實心情，也可以說是一般女子的

心情。

③今・徐北文《李清照全集評注》：這首詩情思凝重，但落筆甚輕。雖是詩，卻極似小詞，有詞語，亦有詞境，頗類易安小詞風格。

青按：語云：「詩莊詞媚」，又云：「詩硬詞軟」，詩詞分疆，殆即指此。細讀清照之詩，非不美善，然終覺過於嫵媚，超乎柔軟，閨閣之氣太重，要非詩之正宗。陸昶評其「卻是詞語」，王播評其「與詞境相近」，徐北文評其「極似小詞」，均極中肯，絕非漫言。前人每謂韓愈「以文為詩」，蘇軾「以詩為詞」，若清照者，真可謂「以詞為詩」矣。承學之士，茍能深入領悟，善加琢磨，則於作詩填詞一道，其必卓然有以跳脫先賢之窠臼，悟得個中之三昧，而不為門外漢矣。

聲聲慢

南宋·李清照

尋尋覓覓，冷冷清清，淒淒慘慘戚戚。乍暖還寒時候①，最難將息②。三杯兩盞淡酒，怎敵他、晚來風急。雁過也，正傷心，卻是舊時相識。　　滿地黃花堆積③。憔悴損④，如今有誰堪摘。守著窗兒，獨自怎生得黑⑤。梧桐更兼細雨，到黃昏、點點滴滴。這次第⑥、怎一個愁字了得⑦。

說明

〈聲聲慢〉為詞牌名，原名〈勝勝慢〉，又名〈人在樓上〉、〈神光燦〉、〈寒松嘆〉、〈鳳求凰〉等。蔣捷用此調詠嘆秋聲，全詞都以「聲」字押韻，乃改為〈聲聲慢〉。此調有平韻、仄韻兩體。

這首詞是李清照晚年身遭亂離，痛失愛侶的名作。靖康之難以後，夫趙明誠亡故，其夫妻所精心收藏的金石書畫都已散失。作者飄泊江南，已經由無憂無慮的貴婦人，一變而為流落無依、形影相弔的寡婦，所以此作通過殘秋景色襯托，直抒苦況，表現了無限的哀愁。尋找失落的一切，卻只有淒涼孤獨，天氣轉寒，就像現在的心情，很難好好休養。幾杯淡酒，如何抵抗晚來的寒風呢？正在傷心之時，大雁飛過，而這大雁和自己一樣，似乎是被金人逼迫而南飛的。滿地的黃花枯萎不堪，有誰會來欣賞呢？一個人守在窗邊，要多久才能等到天黑！細雨打在梧桐樹上，滴滴答答的聲音一直到黃昏，這光景，哪裏是一個愁字所能概括得了呢？

開頭「尋尋覓覓，冷冷清清，淒淒慘慘戚戚」，連用了七組疊字，變舒緩為急促，化哀婉為淒厲。表現出三種精神狀態：⑴內心空虛，失去了所有的一切。這一切至少包括以下八項：①**祖國**（北宋）、②**錦繡河山**（北國）、③**美麗家園**、④**親戚朋友**、⑤**身分地位**、⑥**丈夫**、⑦**金石文字和萬卷藏書**、⑧**貴重服飾和物品**。⑵尋找的結果是什麼都沒有，惟一有的就是四周圍的冷清。⑶尋覓的結果仍是一無所有，從淒涼之感到悵惘的失落感。情感緊湊激盪，卻孤獨悲涼，其可傷之處可得而言者凡六：❶「乍暖還寒時候，最難將息」，是說氣候寒暖不定之可傷。❷「三杯兩盞淡酒，怎敵他、晚來風急」，是說薄酒不能澆愁之可傷。❸「雁過也，正傷心，卻是舊時相識」，是說音訊杳然之可傷。❹「滿地黃花堆積，憔悴損，如今有誰堪摘」，是說人花憔悴之可傷。❺「守著窗兒，獨自怎生得黑」，是說時光難熬之可傷。❻「梧桐更兼細雨，到黃昏、點點滴滴」，是說雨打梧桐之可傷。在此十五句中共有六層意思，可傷之景也有六處，充分顯現情景交融的悲苦之意。最後總結「這次第、怎一個愁字了得」，以「愁」字作結，映照全篇，貫穿首尾，令人倍覺哀淒。

此詞結構謹嚴，創意新奇。疊字多達九組、十八字，造成蕭索寂寞的氣氛。全詞以「愁」字為詞眼，始終緊扣悲秋之意。「黑」字也用得妙，此字是險字、險韻，自古以來只有本篇以「黑」來押韻，可見作者才學之高。在李清照之前的〈聲聲慢〉詞牌是押平聲韻，但此首卻是押入聲的仄聲韻——「覓」、「戚」、「息」、「急」、「識」、「積」、「黑」、「滴」、「得」。因為平聲韻上揚高亢，較適合寫歡樂氣氛；而仄聲韻低沈哀傷，尤其入聲字聲調短促，足以增強內心不快樂的濃度，和作者此刻的心情正相符合。也因為本篇寫得太成功了，後來〈聲聲慢〉詞牌便一律押仄聲韻。

此外，作者又匠心獨運的訴之於人體的四種官能：「尋尋覓覓」、「雁過也」、「滿地黃花堆積」、「守著窗兒，獨自怎生得黑」等句，為訴諸視覺。「三杯兩盞淡酒」則訴諸味覺。「滿地黃花堆積」則訴諸嗅覺。「梧桐更兼細雨，到黃昏，點點滴滴」則訴諸聽覺。四覺俱備，令讀者有身臨其境之感。

關於「晚來」一詞，有的版本作「曉來」。可是甚少有人一早便飲酒；江南天氣，晚來才有秋風拂拂；北雁南飛，日間多在草澤棲宿，晚來才飛。故此作「晚來」較為合理。

作者把鴻雁、黃花當作知己。鴻雁隨著季節遷移，而作者與親人失去聯絡，音訊全無；黃花堆積，說明秋天已到，反映作者內心的哀淒絕望，似乎只有鴻雁和黃花才能了解詞人的心情吧。

李清照失去了所有的一切（包括故國、故園、藏書、金石文字、身分地位、金錢財產、丈夫、所有親友），此哀傷之作正是作者內心真實的反映，非一般強說愁之詞可比。而其技巧新穎，用字貼切，不落前人窠臼，故能喧騰眾口，飲譽千秋。

註釋

①乍暖還寒：乍，忽然；還，回復到。宋・張先〈青門引詞〉：「乍暖還輕寒，風雨晚來方定。」

②將息：唐 宋時俗語，猶言「休養」，保重身體之意。

③黃花：菊花。

④憔悴損：即「枯萎」之意。

⑤怎生：如何，怎樣。生，語助詞，宋時口語恆用之。

⑥這次第：猶言這情形、這光景。

⑦了得：濟南 章邱方言，意為「了結」。

集評

①宋·張端義《貴耳集》：此乃公孫大娘舞劍手。本朝非無能詞之士，未曾有一下十四疊字者，用《文選》諸賦格。後疊又云：「梧桐更兼細雨，到黃昏、點點滴滴」，又使疊字，俱無斧鑿痕。更有一奇字云：「守著窗兒，獨自怎生得黑。」「黑」字不許第二人押。婦人中有此文筆，殆間氣也。

②宋·羅大經《鶴林玉露》：起頭連疊七字，以一婦人乃能創意出奇如此。

③明·楊　慎《詞品》：宋人中填詞，李易安亦稱冠絕。使在衣冠，當與秦七、黃九爭雄，不獨雄於閨閣也。其詞名《漱玉集》，尋之未得。〈聲聲慢〉一詞，最為婉妙。山谷所謂以故為新，以俗為雅者，易安先得之矣。

④清·彭孫遹《金粟詞話》：李易安「被冷香消新夢覺，不許愁人不起」，「守著窗兒，獨自怎生得黑。」皆用淺俗之語，發清新之思，詞意並工，閨情絕調。

⑤清·萬　樹《詞律》：蓋其遒逸之氣，如生龍活虎，非描塑可擬。其用字奇橫而不妨音律，故卓絕千古。人皆不及其才而故學其筆，則未免類狗矣。

⑥清·徐　釚《詞苑叢談》：首句連下十四個疊字，真如大珠小珠落玉盤也。

⑦清·周　濟《宋四家詞選·序論》：李易安之「淒淒慘慘戚戚」，三疊韻，六雙聲，是鍛鍊出來，非偶然拈得也。

⑧清·劉體仁《七頌堂詞繹》：易安居士「最難將息」、「怎一個愁字」，深穩妙雅，不落蒜酪，亦不落絕句，真此道本色當行第一人也。

⑨清·梁紹壬《兩般秋雨庵隨筆》：李易安詞「尋尋覓覓，冷冷清清，淒淒慘慘戚戚」，連下十四疊字，則出奇制勝，匪夷所思矣。

⑩清·許昂霄《詞綜偶評》：此詞頗帶傖氣，而昔人極口稱之，殊不可解。

⑪清·沈　謙《填詞雜說》：予少時和唐 宋詞三百闋，獨不敢次「尋尋覓覓」一篇，恐為婦人所笑。

⑫今·龍榆生《詞學十講》：這裏面不曾使用一個典故，不曾抹上一點粉澤，只是一個歷盡風霜、感懷今昔的女詞人，把從早到晚所感受到的「忽忽如有所失」的悵惘情懷如實地描繪出來。看來都只尋常言語，卻使後人驚其「遒逸之氣，如生龍活虎」，能「創意出奇」，達到語言藝術的最高峰。這和李煜的後期作品確有異曲同工之妙，也只是由於情真語真，結合得恰如其分而已。

⑬今·唐圭璋〈論李清照的後期詞〉：有名的〈聲聲慢〉，是清照後期詞作中的傑作。在這裏，作者以精煉的語

言，概括而集中地反映了南渡以後她自己的生活特徵和精神面貌。在短短九十七字中，她運用了驚人的描寫手腕，展示出自己曲折複雜的內心世界。雖然哀愁滿目，調子淒苦，但無一處不是她飽經憂患後的低沈的傾訴，無一處不是她歷盡折磨後的憂歎。

浣　溪　沙

閨　情

南宋・李清照

髻子傷春懶更梳，晚風庭院落梅初。淡雲來往月疏疏。　玉鴨熏爐閒瑞腦①，朱櫻斗帳掩流蘇②。通犀還解辟寒無③。

說明

這是一首閨情詞，大概是婚後不久思夫之作。

上片寫室外之景，下片寫室內之景，而均景中有情。作者有如攝影師，先拍外景，再拍內景，而女主人之表情亦涵蓋其中，鏡頭轉換極為自然。

起首開門見山，點明傷春的旨意，隱然有《詩經・衛風・伯兮》「自伯之東，首如飛蓬。豈無膏沐，誰適為容」之意，將傷春的抽象情緒予以形象化。「傷春」為全篇的詞眼，用室內外之環境景物來烘托渲染其傷春之情，作者此時之傷春當然是思夫，只因出身高門，不便明說而已。「閒」字用得可圈可點，詞人在〈醉花陰〉中也寫「瑞腦消金獸」，這個「閒」字比「消」字用得更好，因為它表現了室內的閒靜氣氛。

全詞充滿了淒清的氣氛和灰濛的色彩，無論是風吹梅落，雲遮月暗的自然景物，抑或是寶爐香消，斗帳生寒的室內環境，都作了適當的調配。筆調淡雅，節奏舒緩，更有助於傷春情緒的表達。結句如神龍掉尾，回應首句，詞人因梳頭而想到犀梳，因犀梳而想到避寒。通過「通犀還解辟寒無」一句，反映了女主人公對精神生活的追求，也就是對正常愛情生活的追求。然而意蘊言中，音流絃外，尚需讀者細細品味之。

註釋

①玉鴨句：玉鴨，瓷製的白色香爐，鴨為熏爐的形狀。瑞腦，一名「龍腦」，香料名，其香以龍腦木蒸餾而成，通稱片腦、冰片。閒瑞腦，意謂香料閒置未燃。

②朱櫻句：朱櫻，帳子的顏色。斗帳，形如覆斗的小帳。流蘇，用羽毛或絲線編製的排穗，今吳語謂之蘇頭，即鬚頭。此言垂在帳上的五彩絲條。

③通犀：篦梳。劉恂《嶺表錄異》：「避塵犀為婦人篦梳，塵不著髮也。」此處予以擬人化。全句意謂懸掛在帳子上的犀角篦梳縱為靈奇之物，也不能消

除心境之淒冷。

集評

①清・周　濟《介存齋論詞雜著》：閨秀詞惟清照最優，究苦無骨。存一篇尤清出者。

②清・譚　獻《復堂詞話》：易安居士獨此篇有唐調，選家鑪冶，遂標此奇。

③今・徐北文《李清照全集評注》：這首小詞，當為易安年輕時的作品，作者用了白描的藝術手法描繪了兩幅清淡典雅的圖畫：一是室外「閨婦夜晚傷春圖」，一是室內「閨婦夜晚懷人圖」。兩幅畫面互相映襯，相得益彰，妙趣橫生，突出了詞旨。

上片寫閨房外面的環境，以襯托女主人傷春的情懷，由情入景；下片，寫閨房裏面的環境，以襯托女主人懷念心上人的意緒，由景入情。

點　絳　脣

南宋・李清照

蹴罷鞦韆①，起來慵整纖纖手②。露濃花瘦，薄汗輕衣透。　見有人來，襪剗金釵溜③，和羞走。倚門回首，卻把青梅嗅。

說明

此詞描寫情竇初開的少女天真活潑的形象，寫得非常逼真細膩，似乎在影射自己。

上片著重靜態的描寫，下片則是動態，一靜一動，形成強烈的對比。「倚門回首，卻把青梅嗅」，寫出了普天下少女害羞的共同特徵，也表現了詞中少女的矜持、慧黠、好奇，十分生動逼真。

按本詞殆自韓偓〈偶見詩〉「秋千打困解羅裙，指點醍醐索一尊。見客入來和笑走，手搓梅子映中門」轉化而來。宋 黃庭堅首創「奪胎換骨」之法，風靡天下，影響深遠，載筆之倫，爭相仿效，本篇即是明證。一詩一詞，前後輝映。

註釋

①蹴罷：踩過了。

②纖纖手：細長柔美之手。

③襪剗：匆遽之時，來不及穿鞋，只穿著襪子走路。李煜〈菩薩蠻〉：「剗襪步香階，手提金縷鞋。」

集評

①清・沈際飛《草堂詩餘續集》：下闋，片時意態，淫夷萬變，美人則然，紙上何遽能爾。

②清・李繼昌《左庵詞話》：李後主詞：「爛嚼紅茸，笑向檀郎唾。」李易安詞：「倚門回首，卻把青梅嗅。」汪肇麟詞：「待他重與畫眉，細數郎輕薄。」皆酷肖小兒女情態。

按：李後主詞乃〈一斛珠〉。汪肇麟，蓋清康熙時汪懋麟兄弟輩，餘不詳。

③今・徐培均《李清照集箋注》：此詞寫少女情懷，當為少年習作，似難與成年後詞風相比。且王灼《碧雞漫志》稱其「作長短句能曲折盡人意，輕巧尖新，姿態百出」，證之此詞，如合符契，似應為清照所作無疑。

漁家傲

記夢

南宋·李清照

天接雲濤連曉霧，星河欲轉千帆舞①。彷彿夢魂歸帝所②，聞天語，殷勤問我歸何處。

我報路長嗟日暮，學詩漫有驚人句。九萬里風鵬正舉③，風休住，蓬舟吹取三山去④。

說明

此詞章法奇特，為「跨片格」。一、二句殆寫於西元1130年春季自溫州至紹興，在海上航行所見之夜景，三句至末句則寫夢中經歷。通常上片寫景，下片寫情，跨片處多少有痕跡，而此詞則無，「問」(詢問)「報」(回答)語氣銜接，毫不停頓。

起首二句，一開始就展示出一幅曉霧瀰天，星河移轉之壯闊，此種境界為前此所未有，出自婦人之筆，尤令人感到意外。

三句以下寫自己進入夢境，與天帝對答，將屈子〈離騷〉，莊子〈逍遙遊〉及神話傳說三者融入作品，綰合為一，欲使夢幻化為理想，言己惟有長住仙山才能獲得精神上的慰藉。

下片暗示自己有更遠大的抱負，並不僅以作一個詩人而滿足。此殆得自杜甫「名豈文章著，官應老病休。」(〈旅夜書懷〉)。杜甫欲經綸邦國，霖雨蒼生，易安則在追求理想的神仙世界，富有濃厚的道家思想。

末三句由抑鬱轉為昂揚，言己欲效大鵬之飛翔萬里，借風力之助，到達仙界，長與仙人為伍。又展現出一幅雄奇豪壯的畫面，與篇首的雲海圖融為一體，餘味無窮。

首二句動詞運用特佳，「接」「連」二字把天地連接在一起，空間廣大無垠。「舞」「轉」有因果關係，由於千船飛舞，故覺銀河亦在旋轉。「夢魂」為詞眼，全篇內容均由此衍生。言世局動盪，流落南方，惟有仙境才是樂土。「學詩漫有驚人句」為本詞之高潮，女詞人向天帝傾訴：空有才華而無機會報效國家；男女不平等，才女之聰明才智被扼殺；有學問而不能濟世；滿腹經綸卻遭遇不幸。此暗指理想難以實現，充滿了對命運之無奈感與對現實之無力感。六、七兩句含有淡淡的哀愁，乃是因為：宋朝禮教甚嚴，女子不得任意出遊；女子無才便是德；體弱難以遠行；身為女子，又是書香門第，自須維護形象。揭示理想與現實的尖銳矛盾。

易安為婉約詞派之正宗，而此首筆力雄健，意境壯闊，想像豐富，詞情豪邁，充滿濃厚的浪漫主義、理想主義的色彩，為別具一格，全集僅見接近「豪放詞派」之名作。

註釋

①天接二句：天色將曉時，滿天雲霧裏露出一線曙光，天河的星辰在流轉著，好似成千的帆船在天河裏飛舞。

②帝所：天帝居住的處所。

③九萬句：表示自己正要像鵬鳥高飛遠舉。

④蓬舟句：蓬舟，像蓬草一般的輕舟。三山，神話傳說渤海有三座仙山，即蓬萊、方丈、瀛洲。

集評

①清・陳廷焯《詞則・別調集》：有出世之想，筆意矯變。此一無改適事一證也。

②清・黃　蘇《蓼園詞選》：此似不甚經意之作，卻渾成大雅，無一毫釵粉氣，自是北宋風格。

③今・梁令嫻《藝蘅館詞選》：家大人云：「此絕似蘇、辛派，不類《漱玉集》中語。」

案：家大人，指乃父梁啟超。

④今・夏承燾《唐宋詞欣賞》：這首風格豪放的詞，意境

闊大，想像豐富，確實是一首浪漫主義的好作品。出之於一位婉約派作家之手，那就更其突出了。其所以有此成就，無疑是決定於作者的實際生活遭遇和她那種渴求沖決這種生活的思想感情，這決不是沒有真實生活感情而故作豪語的人所能寫得出的。

⑤今．龍榆生《漱玉詞敍論》：至其氣象瀟灑，尤近蘇、辛一派者，則有〈漁家傲．記夢〉。

⑥今．繆　鉞《靈溪詞說．論李清照詞》：這首詞能將屈原〈遠游〉中的情思意境融納於數十字的小詞之中，體現了自己的人生理想，有姑射神人吸風飲露之致，這種境界在宋詞中是罕見的。

⑦今．王　璠《李清照研究叢稿．胸懷壯闊、氣象恢宏》：就本詞而言，總共十句，卻連用了李賀、李白、杜甫、屈原、莊子數典，佔了絕大部分篇幅。二李、莊、騷，都是我國古代浪漫主義的大家，用他們所塑造的形象和熔鑄的語言，以之入詞，自是情辭並茂，貼切自然，入于化境；藝術魅力，非常強烈。

⑧今．吳熊和《唐宋詞通論》：詞人置身於廣漠無垠的太空，不顧「路長」、「日暮」，在「九萬里風」的推動下泠然作海外之行，反映了李清照不滿現狀，要求打破沈悶狹小的生活圈子的願望。她希望對自己的精神世界作一番新的開拓和追求，不能作為一般的游仙之作看待。

一剪梅

南宋・李清照

紅藕香殘玉簟秋①。輕解羅裳②，獨上蘭舟③。雲中誰寄錦書來④。雁字回時⑤，月滿西樓。　　花自飄零水自流。一種相思，兩處閒愁。此情無計可消除，纔下眉頭，卻上心頭。

說明

這首詞《草堂詩餘》等調下題作「離別」，《唐宋諸賢絕妙詞選》等則題作「別愁」。伊世珍《瑯嬛記》云：「易安結褵未久，明誠即負笈遠遊，易安殊不忍別，覓錦帕書〈一剪梅〉詞以送之。」可見此作是李清照早期為思念離家遠行的丈夫趙明誠而作的一首抒情小令。詞中抒發了作者對丈夫的深篤愛情，吐露了各居一方的相思之苦，感情真摯、深沈、熱烈，格調清新，是李清照前期代表作之一。

在蕭瑟的秋天，粉紅色的荷花凋謝了，鋪著光澤如玉的竹席，午睡時也覺得有些涼了。心事重重的女主人公輕輕解下了身上穿的綢製長裙，獨自一人划著漂亮的小船蕩漾在空闊的湖面上。目送著遠去的陣陣大雁，又想到了寄居他鄉的丈夫，幻想著天上的大雁能捎來丈夫的書信。但這又怎麼可能呢？不知不覺，天色已晚，明月高懸夜空，月光照遍閣樓。秋天的花兒空自凋零、飄落，雖然和丈夫分居兩地，但是相同的離愁卻把兩人的心緊緊地連接在一起。只要丈夫還沒回來，思念的感情就無法消除。有時強迫自己不要思念，使本來緊鎖的眉頭舒展開來，但是不一會兒，思念之情又悄悄湧上心頭了。表示思念丈夫的心情是永遠也不可能消失的。

開頭「紅藕香殘玉簟秋」，點出了時間是在秋天。秋本為抽象的季節代表，但是詞人用「紅藕」、「香殘」將秋的形象予以具體化。「獨上蘭舟」表明了作者孤獨惆悵的心情。

起頭三句以寫景為主，並沒有寫明相思之情，但是在秋景的襯托之下，蘊含著作者豐富的情感，隱約透露出作者的心情是非常愁悶的。所以此三句為整首詞的總綱領，而且有化虛有情感為實在景象的作用。

「雲中誰寄錦書來。雁字回時，月滿西樓」，其中「雁字」用蘇武牧羊的故事，為讀者所熟悉。「月滿西樓」顯出時間的推移和場景的變化，似乎表示月也同情作者的孤獨，因為月中的嫦娥也是孤獨的，和作者有同病相憐之感。對於分隔兩地的夫妻來說，書信是最大的慰藉，然而正當詞人望眼欲穿地盼望丈夫來信時，剛好天際出現一行飛雁，原本希望飛雁能帶來丈夫的消息，但是卻只有清冷的月光灑滿了樓台，這樣的場景，怎麼能不使詞人倍加失望、惆悵呢？不寫愁而愁自見，不言情而情無限，此種藝術效果，正是由景色的映襯和意境的醞釀得來。

下片轉入寫情，充滿了對命運的無奈感。以「花自飄零水自流」為喻，說明自己傷離念遠之情，就像花不會不落，水不會不流一樣，也是必然的，與李後主「流水落花春去也」同一感慨。借景抒情，即事設喻，特別是兩個「自」字，力透紙背，令讀者不能對作者的感情生疑。「一種相思，兩處閒愁」緊承上句，更由自己對丈夫的思念，進一步想到丈夫對自己的思念，說明夫妻都在為相思而愁苦，而且就像「花自飄零水自流」一樣，是自然的，無法遏止的。不但豐富了詞境，還對這種相思之苦顯得更加痛切。「纔下眉頭，卻上心頭」也是化虛為實的筆法，把思念之情揮之不去的感覺，用動態的描述表現出來。此二句脫胎於范仲淹《御街行》：「都來此事，眉間心上，無計相迴避。」

本篇轉折處頗多。「獨上蘭舟」、「雁字回時，月滿西樓」、「花自飄零水自流」為明轉；「纔下眉頭」、「卻上心頭」為暗轉，使整首作品顯得跌宕有致。又「獨」為詞眼，「香殘」、「秋」是孤獨之感；「輕解」、「獨上蘭舟」、「月滿西樓」都是獨自一人；「自」、「一種」、「兩處」也是獨自一人在思念。所以整首詞都緊扣著「獨」字，前後呼應，密度極大，情感濃烈。

總之，詞人以真率而細膩的筆觸，抒寫了對丈夫的思念，表現了與丈夫愛情的深摯和純真。

註釋

①紅藕句：紅藕指紅色荷花。香殘：指荷花凋謝。玉簟：竹席的美稱。

②羅裳：用質地輕細的絲織品做成的衣裳。

③蘭舟：舟船的美稱。

④錦書：書信的美稱。在此特指情書。

⑤雁字：雁飛有序，常排成「一」字或「人」字形，故稱雁陣為雁字。相傳雁能傳書，《漢書・蘇武傳》載：「天子射上林中，得雁，足有繫帛書，言武等在某澤中。」

集評

①明・李廷機《草堂詩餘評林》：此詞頗盡離別之情，語意超逸，令人醒目。

②明・楊慎批點楊金木《草堂詩餘》：離情欲淚，讀此始知高則誠、關漢卿諸人文是效顰。

③又引鍾人傑評：此詞低回宛折，蘭香玉潤，即六朝才子，恐不能擬。

④清．陳廷焯《白雨齋詞話》：易安佳句，如〈一剪梅〉起七字云：「紅藕香殘玉簟秋」，精秀特絕，真不食人間煙火者。

⑤清．梁紹壬《兩般秋雨庵隨筆》：易安〈一剪梅〉詞起句「紅藕香殘玉簟秋」七字，便有吞梅嚼雪，不食人間煙火氣象，其實尋常不經意語也。

⑥今．龍榆生《漱玉詞敍論》：由此以推，易安傷離之作，大抵皆為明誠而發，所謂「女子善懷」，充分表其濃摯悲酸情感，非如其他詞人之代寫閨情，終有隔靴搔癢之歎。

⑦今．《中國文學史》：〈一剪梅〉寫少婦在丈夫離家後的相思之忱，十分熨貼細膩，坦率深摯。像這樣敢於擺脫世俗輿論的束縛，而熱情地、健康地傾吐著想像丈夫的真心話的作品，無疑地是具有一定進步意義的。（北大一九五五級集體編寫）

⑧今．周篤文《宋詞》：這是旖旎的、心心相印的、無計排遣的愛情之剖白。愁嗎？是的，這是蜜一樣的清愁啊！在那女性要求普遍遭到壓制的時代，能這樣大膽地謳歌自己的愛情，毫不扭捏，沒有病態成分，尤其顯得可貴。

⑨今．《唐宋詞選》：相傳為元人伊世珍所寫的《琅嬛記》說：趙明誠、李清照婚後不久，趙明誠就到遠處去上學，李清照「殊不忍別，覓錦帕，書〈一剪梅〉詞以送之。」伊世珍所說和作品內容大體符合。上片開頭三句寫分別的時令和地點，下片「花自飄零水自流」回應這三句，這些都是寫分別時情景，其他各句是設想別後的思念心情。（中國社會科學院文學研究所編）

念　奴　嬌

南宋·李清照

蕭條庭院，又斜風細雨，重門須閉。寵柳嬌花寒食近，種種惱人天氣。險韻詩成①，扶頭酒醒②，別是閒滋味。征鴻過盡，萬千心事難寄。　　樓上幾日春寒，簾垂四面，玉闌干慵倚③。被冷香消新夢覺，不許愁人不起。清露晨流，新桐初引④，多少遊春意。日高煙斂，更看今日晴未。

說明

此為詠春雨之作。

上片寫「心事難寄」，從陰雨寒食，天氣惱人，引出以詩酒遣愁之情。下片「新夢初覺」，從夢後閒愁引起遊春之意，融情入景，自然成章。可見此詞的感情起伏始終與天氣的變化相配合。

「閒滋味」是詞眼，全詞的情感皆由「閒」字生發。「征鴻」為雙關語，一方面寫景，一方面指書信。「被冷香消新夢覺，不許愁人不起」乃千古名句，描寫愁緒十分細膩，令人擊節讚歎，拍案叫絕。

此詞開始是寫雨，結束是寫晴，局法渾成，首尾相顧，是神龍掉尾。且結局開朗，另起一意，因此全篇內容是健康的，並非一般「為賦新詞強說愁」之作。

註釋

①險韻詩：用冷僻生疏、難押的字作韻腳的詩。逞才者多喜作險韻詩。按蘇軾嘗作〈雪後書北台壁〉二首，用「尖」（鹽韻）、「叉」（麻韻）二字為韻分詠雪景，轟動一時，歷來被推為險韻詩中之神品。以蘇氏之高才當然可以不吃力而又討好，一般人仍以不作為妙。

②扶頭酒：容易喝醉的酒，亦即酒精濃度高的烈酒。

③玉闌干：闌干之美稱。

④初引：初生，初長。《爾雅・釋詁》：「引，長也。」按「清露晨流，新桐初引」為《世說新語・賞譽篇》名句，易安完全套用，未加剪裁增損，但與全詞相配，顯得更為出色，此殆合於詞中「婉媚」之要求。翁宏〈春殘詩〉：「落花人獨立，微雨燕雙飛。」晏幾道全襲用之，引入〈臨江仙詞〉中，構成一個淒艷絕倫的意境，易詩為詞，渾化自然，

竟成不能無一、不能有二之曠世雋品。以視易安，可謂雙絕。

集評

①宋·黃　昇《唐宋諸賢絕妙詞選》：前輩嘗稱易安「綠肥紅瘦」為佳句，余謂此篇「寵柳嬌花」之句，亦甚奇俊，前此未有能道之者。

②明·楊　慎《詞品》：李易安詞「清露晨流，新桐初引」，乃全用《世說》語，女流有此，在男子亦秦（觀）、周（邦彥）之流也。

③明·楊　慎《批點草堂詩餘》：情景兼至，名媛中自是第一。二語（按指「被冷」二句）絕似六朝。

④明·李攀龍《草堂詩餘雋》：心事託之新夢，言有寄而情無方，玩之自有意味。

⑤明·王世貞《弇州山人詞評》：「寵柳嬌花」，新麗之甚。

⑥清·趙世傑《古今女史》：媚中帶老。

⑦清·王士禎《花草蒙拾》：前輩謂史梅溪之句法，吳夢窗之字面，固是確論。尤須雕繪而不失天然，如「綠肥紅瘦」、「寵柳嬌花」，人工天巧，可稱絕唱。

⑧清·彭孫遹《金粟詞話》：李易安「被冷香消新夢覺，不許愁人不起。」「守著窗兒，獨自怎生得黑。」皆用淺

俗之語，發清新之思，詞意並工，閨情絕調。

⑨今・唐圭璋《唐宋詞簡釋》：此首寫心緒之落寞，語淺情深。……「清露」兩句，用《世說》，點明外界春色，抒欲圖自遣之意。末兩句宕開，語似興會，意仍傷極。蓋春意雖盛，無如人心悲傷，欲游終懶，天不晴自不能游，實則即晴亦未必果游。

⑩今・龍榆生《漱玉詞敍論》：情緒淒咽，而筆勢開宕，直如行雲舒卷（參用毛先舒說）。易安之善寫離情如此，日常鶼鰈相依，一旦風波失所，遇此環境，釀造千回百折之詞心，此《漱玉詞》造詣之所以猛進也。（原載民國二十五年三月《詞學季刊》三卷一號）

武　陵　春

南宋．李清照

風住塵香花已盡①，日晚倦梳頭。物是人非事事休，欲語淚先流。　聞說雙溪春尚好，也擬泛輕舟。只恐雙溪舴艋舟②，載不動、許多愁。

說明

此篇是宋高宗 紹興五年（西元1135年）作者避難浙江 金華時所作，正反映出作者晚年流離失依的悲苦情懷。

上片以「事事休」一句，道盡人生的苦難甚多，所有前塵往事真有不堪回首之嘆。

下片則化虛為實，「只恐雙溪舴艋舟，載不動、許多愁」，將抽象的愁緒用實際的事物表現出來，使讀者的體會更深。「聞說」、「也擬」、「只恐」六字，傳神地表現了詩人內心活動。

整首詞愁情豐富，卻含蓄而不浮濫。結尾三句尤膾珍眾口，竟成易安之標籤，所謂「有不虞之譽，有求全之毀」

(《孟子·離婁》),殆即指此而言。

註釋

①塵香:花落滿地,與塵土混合,塵土自然芳香四溢。

②雙溪舴艋舟:雙溪,溪名,在今浙江 金華市。舴艋舟,像蚱蜢般的小船。

集評

①今·繆 鉞《靈溪詞說·論李清照詞》:裴文(按指裴斐所撰〈別是一家詞〉文稿)中首先舉出李煜〈虞美人〉(春花秋月何時了)詞,然後又舉出李清照〈武陵春〉詞(略)。裴文認為,這兩首詞都是寫國破家亡之感,但風格迴別。前者直瀉,後者婉轉;前者沈重,後者輕靈;前者粗獷(所謂粗服亂頭),後者細柔(傷痛中仍不失其矜持)。婉轉、輕靈、細柔,自是女性美。

②今·鄭 騫《詞選》:此詞有淒婉之致,論易安詞者每喜舉之;然「物是人非」兩語過於淺俗,在易安集中非上乘也。

③今·唐圭璋《詞學論叢·讀李清照詞札記》:此為紹興五年,清照在金華時作,通首血淚交織,令人不堪卒讀。首寫花事闌珊,極目生愁;繼寫日高懶起,無心梳

洗。下二句尤沈痛，人亡物在，睹物懷人，重重往事，不堪回首，千言萬語，無從說起。下片寫內心活動，正是「腸一日而九回」。「聞說」只是從旁人口中說出，可見自己則整日獨處，無以為歡。「尚」字說明雙溪猶有殘春可賞。「也擬」是心中一霎凝思，欲往一游；「只恐」則直道心情沈哀，無法排遣，虛字轉折傳神，頓挫有致，如見其人，如聞其聲。

永　遇　樂

元　宵

南宋・李清照

落日鎔金①，暮雲合璧②，人在何處。染柳煙濃，吹梅笛怨③，春意知幾許。元宵佳節，融和天氣，次第豈無風雨④。來相召，香車寶馬，謝他酒朋詩侶。　　中州盛日⑤，閨門多暇，記得偏重三五⑥。鋪翠冠兒⑦，撚金雪柳⑧，簇帶爭濟楚⑨。如今憔悴，風鬟霜鬢，怕見夜間出去。不如向簾兒底下，聽人笑語。

說明

本篇乃是作者自述晚年在杭州的生活片段。此時宋 金雙方已停戰，江南呈現一片昇平氣象。從元宵節瑣細的情節中，十分深沈地反映了作者在歷盡滄桑後的晚年悲涼心境。

上片寫杭州的元宵節，下片則追憶當年汴京的元宵節，有「今非昔比」的失落之感。「落日鎔金，暮雲合璧，人在何處。染柳煙濃，吹梅笛怨」。用濃重的筆墨來渲染杭州絢麗的景色，此為寫實的筆法。「人在何處」一句，寫得非常哀傷，不但哀傷自己，還包括懷念故國、故鄉、親人；又想到丈夫的亡故，第二次婚姻的失敗，晚景的淒涼，都毫無保留，傾瀉而出。

此詞對景色的鋪排極為重視，如「落日鎔金」、「暮雲合璧」、「染柳煙濃」、「次第風雨」、「香車寶馬」、「濟楚」、「風鬟霜鬢」，確是一首色澤極濃郁而且感情極深入的作品。

註釋

①落日鎔金：形容夕陽燦爛的顏色。

②暮雲合璧：暮雲連成一片如白玉相合。

③染柳煙濃兩句：此為倒裝句，意即煙染柳濃，笛吹梅怨。

④次第豈無風雨：表示好景無常的悲觀心理。次第，轉眼。

⑤中州盛日：指汴京淪陷前的繁盛時期。汴京，今河南 開封市。古代稱河南為豫州，也稱中州。

⑥偏重三五：偏重，猶言特別重視。宋朝元宵節是盛大節日，故云。三五，指舊曆正月十五日的夜晚，

俗稱元夜、上元、元宵。

⑦鋪翠冠兒：婦女們戴的翡翠珠子鑲的帽兒。

⑧撚金雪柳：以撚金為飾的雪柳。雪柳，宋朝婦女們元宵節插戴在頭上的妝飾品。

⑨簇帶爭濟楚：插戴滿頭，誇自己打扮得漂亮。簇帶，插戴著很多的飾物。濟楚，整齊漂亮。皆宋時方言。

集評

①宋・張端義《貴耳集》：易安晚年賦《元宵・永遇樂》詞云：「落日熔金，暮雲合璧」，已自工緻。至於「染柳煙濃，吹梅笛怨，春意知幾許」，氣象更好。後疊云：「於今憔悴，風鬟霜鬢，怕見夜間出去。」皆以尋常語度入音律。煉句精巧則易，平淡入調者難。

②宋・張　鑑《擬姜白石傳》：柳屯田「曉風殘月」，文潔而體清；李易安「落日」「暮雲」，慮周而藻密。綜述性靈，敷寫氣象，蓋駸駸乎大雅之林矣。

③清・永瑢等《四庫全書總目提要・集部》：張端義《貴耳集》極推其元宵詞〈永遇樂〉、秋詞〈聲聲慢〉，以為閨閣有此文筆，殆為間氣，良非虛美。雖篇帙無多，固不能不寶而存之，為詞家一大宗矣。

④今・唐圭璋《詞學論叢・讀李清照詞札記・愛國詞

篇》：實則其〈永遇樂〉一詞，亦富於愛國思想，後來劉辰翁讀此詞為之淚下，並依其聲以清照自喻，可見其感人之深，而二人痛心亡國，懷念故都，先後亦如出一轍。

又：上片寫首都臨安之元宵現實，景色好，天氣好，傾城賞燈，盛極一時，而己則暗傷亡國，無心往觀。下片回憶當年汴都之元宵盛況，婦女多濃妝艷飾，出門觀燈，轉眼金兵侵入，風流雲散，萬戶流離失所，慘不可言。而己亦首如飛蓬，無心梳洗，再逢元宵佳節，更不思夜出賞燈，正是「良辰美景奈何天，賞心樂事誰家院」。最後，從聽人笑語，反映一己之孤獨悲哀，默默無言，吞聲飲泣，實甚於放聲痛哭。

⑤今．繆　鉞《靈溪詞說．論李清照詞》：裴斐寄示所撰〈別是一家詞〉的文稿中……又舉出辛棄疾〈青玉案〉（東風夜放花千樹）詞，然後舉出李清照〈永遇樂〉詞（略）。兩相對照，裴文認為，這兩首詞均寫元宵，但從整體結構、用辭遣句和情調上看，則有霄壤之別。稼軒詞豪，易安詞悲，情調自不同。易安之詞，情實激越，而妙在不著一字，含蓄委婉，全用鋪敘，此亦足見女性之細。

⑥今．倪木興《唐宋詞鑒賞集．對照鮮明．哀情深切》：李清照的這首詞之所以能做到不言哀而哀然之情溢於言表，就是因為她在描繪景物抒發感情之中，善於運用種

種對比：樂景與哀情，樂景與哀景，昔日盛妝、樂情與今日憔悴、哀情，他人樂情與自己哀情，構成了明顯的對照，突出地表達了自己哀怨愁苦之情，達到了一定高度的藝術境界。

蝶戀花

南宋・李清照

暖雨和風初破凍。柳眼梅腮①，已覺春心動。酒意詩情誰與共，淚融殘粉花鈿重。

乍試夾衫金縷縫。山枕斜攲，枕損釵頭鳳②。獨抱濃愁無好夢，夜闌猶剪燈花弄。

說明

此為思夫之作。

上片描寫思婦的心理活動，且與春景相配合。下片則具體描寫寂寞的閨中生活，純粹抒情。通篇蘊藉而不綺靡，妍婉而不纖巧，流暢而不失於淺易，怨抑而不陷於頹唐，為婉約詞的標準章法。

作者在動詞的運用上十分突出，「獨『抱』濃愁」將少婦的愁思、鬱結在胸中的難言心事突顯出來；「猶『剪』燈花弄」表作者在追求好預兆，希望夫妻早日團圓；「弄」則是無意識的動作。此外，在描寫複雜的心理上亦十分成功，因為對月飲酒卻無人交杯；對花賦詩卻無人唱和；試穿夾衣卻無人讚賞；欲尋美夢卻無法入眠。將孤獨、寂寞、思念、熱望的心情融合在動作中，刻劃疏懶的體態生動細緻。可見作者將複雜的心理和疏懶的動作互相映襯，把少婦百般無奈，思緒萬端的愁苦形態襯托出來，正如一幅「少婦失眠圖」。

約略言之，本詞格局狹小，堂廡不大，以軟媚之筆，抒怨慕之情，脂粉香氣，洋溢滿紙，可視為數千年來閨閣作品之樣板。

註釋

①柳眼：柳葉初生似眼者。梅腮：淡紅色的梅瓣有如美人紅艷的臉頰。

②釵頭鳳：釵作鳳凰形狀者叫作「鳳凰釵」或「鳳釵」，亦有在釵上雕刻鳳凰圖案者。

集評

①明·徐士俊《古今詞統》：此媛手不愁無香韻。近言遠，小言至。

②清·賀　裳《皺水軒詞筌》：寫景之工者，如尹鶚「盡日醉尋春，歸來月滿身」；李重光「酒惡時拈花蕊嗅」；李易安「獨抱濃愁無好夢，夜闌猶剪燈花弄」；劉潛夫「貪與蕭郎眉語，不知舞錯〈伊州〉」。皆入神之

句。

按：尹鶚詞乃〈醉公子〉。李重光即李煜，詞乃〈浣溪沙〉。劉潛夫即劉克莊，詞乃〈清平樂〉。

③今・張　璋〈談李清照的詞學成就〉：如〈蝶戀花〉先以「暖雨晴風初破凍，柳眼梅腮，已覺春心動」來寫心情的喜悅；接著又以「酒意詩情誰與共，淚融殘粉花鈿重」來寫詩情酒意投入相伴而引起悲傷落淚。這種以喜襯悲而愈覺悲的寫法，比直寫感人更深。

附錄

蝶戀花 和漱玉詞　　清・王士禛

涼夜沈沈花漏凍。攲枕無眠，漸覺荒雞動。此際閒愁郎不共。月移窗隙春寒重。　　憶共錦裯無半縫。郎似桐花，妾似桐花鳳。往事迢迢徒入夢，銀箏斷絕連珠弄。

醉　花　陰

南宋．李清照

薄霧濃雲愁永晝，瑞腦銷金獸①。佳節又重陽，玉枕紗廚，半夜涼初透。　　東籬把酒黃昏後②，有暗香盈袖③。莫道不銷魂，簾捲西風，人比黃花瘦。

說明

此詞寫作者孤獨寂寞之感，含蓄地表現出在重陽佳節思念丈夫的心情。

先從天氣描寫起，再轉到室內的景物，焚香、獨眠，再寫到室外的把酒賞菊，層層深入，表現出作者主觀的色彩。結尾「莫道不銷魂，簾捲西風，人比黃花瘦」三句更是騰播眾口，傳誦不衰。

註釋

①瑞腦銷金獸：瑞腦，香料。金獸，獸形的銅製香爐。

②東籬：種菊花之地。陶潛〈飲酒詩〉：「採菊東籬下，悠然見南山。」後因指菊花或菊圃。

③暗香：幽香，此指菊花之香氣。

集評

①宋・胡　仔《苕溪漁隱叢話》：「簾捲西風，人比黃花瘦」，此語亦婦人所難到也。

②元・伊世珍《瑯嬛記》：易安以重陽〈醉花陰〉詞函致明誠。明誠歎賞，自愧弗逮，務欲勝之。一切謝客，忘食忘寢者三日夜，得五十闋，雜易安作，以示友人陸德夫。德夫玩之再三，曰：「只三句絕佳。」明誠詰之。曰：「莫道不銷魂，簾捲西風，人比黃花瘦。」正易安作也。

③清・陳廷焯《雲韶集》：無一字不雅。深情苦調，元人詞曲往往宗之。

④清・王又華《古今詞論》：語情則「紅雨飛愁」，「黃花比瘦」，可謂雅暢。

按：「紅雨飛愁」乃僧如晦〈卜算子詞〉句。

⑤今・唐圭璋《唐宋詞簡釋》：此首情深詞苦，古今共賞。起言永晝無聊之情景，次言重陽佳節之感人。換頭，言向晚把酒。著末，因花瘦而觸及己瘦，傷感之至。尤妙在「莫道」二字喚起，與方回之「試問閒愁知

幾許」句，正同妙也。

按：方回當作賀鑄，詞乃〈青玉案〉。

⑥今．龍榆生《漱玉詞敍論》：剛健中含婀娜，結語具見標格，兼能撩撥感情，宜其為陸德夫所稱也。

⑦今．夏承燾《唐宋詞欣賞》：這首詞末了一個「瘦」字，歸結全首詞的情意，上面種種景物描寫，都是為了表達這點精神，因而它確實稱得上是「詞眼」。李清照另有〈如夢令〉「綠肥紅瘦」之句，為人所傳誦。這裏她說的「人比黃花瘦」一句，也是前人未曾說過的，有它突出的創造性。

附錄

醉　花　陰　和漱玉詞　　清．王士禎

香閨小院閒清晝，屈戌交銅獸。幾日怯輕寒，簾局香濃，不覺春光透。　　韶光轉眼梅花後，又催裁羅袖。最怕日初長，生受鶯花，打疊人消瘦。

鳳凰臺上憶吹簫

南宋·李清照

香冷金猊①，被翻紅浪②，起來慵自梳頭。任寶奩塵滿，日上簾鉤。生怕離懷別苦，多少事、欲說還休。新來瘦，非干病酒③，不是悲秋。　　休休，這回去也，千萬遍〈陽關〉④，也則難留。念武陵人遠⑤，煙鎖秦樓⑥。惟有樓前流水，應念我、終日凝眸⑦。凝眸處，從今又添，一段新愁。

說明

此詞是作者早期和丈夫分別時所作。上片描述別後之憂傷，下片摹寫思念之新愁。表現出兩種不同的愁情。

「香冷金猊，被翻紅浪，起來慵自梳頭。任寶奩塵滿，日上簾鉤。」強化了「女為悅己者容」之意，與《詩經》〈伯兮〉「自伯之東，首如飛蓬。豈無膏沐，誰適為容」有異曲同工之妙。「生怕離懷別苦，多少事、欲說還休。」把中國傳統婦女的含蓄之美，表現得淋漓盡致。「新來瘦，非干病酒，不是悲秋。」以反說正，語意曲折，不直接說明清瘦之肇因，給讀者賣了個關子，婉轉而含蓄，就如宋．張方平所言「文似看山不喜平」的修辭技巧。「休休，這回去也，千萬遍〈陽關〉，也則難留。念武陵人遠，煙鎖秦樓。」離別情緒不斷轉折，「這回去也」表送別之情；「千萬遍〈陽關〉」表惜別之情；「也則難留」再從惜別轉折到挽留；「煙鎖秦樓」表達隔秦樓思念之情。情緒四次轉折。「惟有樓前流水，應念我、終日凝眸」為擬人手法，流水本無知，作者賦予它感情，讓流水知道作者為離別所苦，故流水對作者表同情之意。

全詞文筆細膩，在場景上皆選小景，如「金猊」、「寶奩」、「簾鉤」、「梳子」等，皆是女人所喜愛的日常用品。而在心理活動上，皆與離別相關，上片所描述的舊愁與下片所摩寫的新愁，可說是前後呼應，出以曲折含蓄的口吻，表達了女性特有的深婉細膩的情感。

註釋

①金猊：刻有獅形的金黃色香爐。

②被翻紅浪：形如波浪翻滾的紅錦被。由於紅錦被沒有摺好，亂攤在牀上，表示女主人公的懶散心情。

③非干：不關。

④〈陽關〉：即〈陽關三疊〉，乃送別之曲。源出王

維《送元二使安西詩》。

⑤武陵人遠：用陶潛〈桃花源記〉載武陵漁人發現桃源仙境的故事，借喻夫君好像住在仙界一般的遙遠。

⑥秦樓：即鳳凰臺，春秋時秦穆公為思念愛女弄玉而築。此指自己的閨房。

⑦凝眸：注視，呆看。

集評

①明．楊　慎《批點本草堂詩餘》：「欲說還休」與「怕傷郎，又還休道」同意。

按「怕傷郎」二句見《類編草堂詩餘》孫夫人〈風中柳〉詞。

②明．李廷機《草堂詩餘評林》：宛轉見離情別意，思致巧成。

③明．沈際飛《草堂詩餘正集》：懶說出，妙。瘦為甚的，尤妙。「千萬遍」，痛甚。轉轉折折，忤合萬狀。清風朗月，陡化為楚雨巫雲；阿閣洞房，並變成離亭別墅。至文也。

④清．陳廷焯《雲韶集》：此種筆墨，不減耆卿、叔原，而清俊疏朗過之。「新來瘦」三語，婉轉曲折，煞是妙絕。筆致絕佳，餘韻尤勝。

⑤今．唐圭璋《唐宋詞簡釋》：此首述別情，哀傷殊甚。

起三句，言朝起之懶。「任寶奩」句，言朝起之遲。「生怕」二句，點明離別之苦，疏通上文；「欲說還休」，含淒無限。「新來瘦」三句，申言別苦，較病酒悲秋為尤苦。換頭，歎人去難留。「念武陵」四句，歎人去樓空，言水念人，情意極厚。末句，補足上文，餘韻更雋永。

⑥今・夏承燾・盛靜霞《唐宋詞選》：上片不說離愁，卻說生怕離愁；不說因離愁而瘦，卻說不關病酒和悲秋。下片不說雲遮視線，卻說煙鎖秦樓；不說想寄情流水，卻說流水應念我。都是深一層寫法。

⑦今・龍榆生《漱玉詞敘論》：有「豈無膏沐，誰適為容」之意，而語自幽婉纏綿。

⑧今・薛礪若《宋詞通論》：我們試將上詞細心加以尋繹，即知易安一生詞品，全從後主、永叔、少游三家脫胎出來的。後主得其深，永叔得其鬱，少游則得其婉秀。後主遭際亡國，少游屢經貶竄，故其詞境悲婉深沈，均由肺腑中自然流露出來。永叔深於情思，故其詞亦纏綿抑鬱，若不勝其傷春恨月之感也。至於易安，幼年即生長在一個有文學環境的家庭，適人以後，夫妻感情又極和樂美滿，似乎無悲愁的種子蔓生在她的心曲了。但我們一讀她的作品，則亦覺悲苦之辭為多。因為女子是最富於情感的，……何況她與明誠愛情很重，自

不免因別情離緒所縈繞，而致其纏綿想望之思了。

附　錄

①鳳凰臺上憶吹簫　和漱玉詞　　清・王士禎

鏡影圓冰，釵痕卻月，日光又上樓頭。正羅幃夢覺，紅腿緗鉤。睡眼初瞤未起，夢裏事、尋憶難休。人不見，便須含淚，強對殘秋。　　悠悠。斷鴻南去，便瀟湘千里，好為儂留。又斜陽聲遠，過盡西樓。顛倒相思難寫，空望斷、南浦雙眸。傷心處，青山紅樹，萬點新愁。

②鳳凰臺上憶吹簫　和漱玉詞　　清・彭孫遹

寶鴨拋煙，寒螿泣露，蘭橈催發湖頭。正銀河清淺，殘月如鉤。多少情悰欲說，知無奈、則索行休。紗窗靜，幾株疏柳，一片清秋。　　堪憂。箇人何處，那衣香手粉，髣髴還留。憶舊年此夜，花壓層樓。靜對金波似水，桃笙上、隱隱回眸。傷心處，依然花月，添卻離愁。

浣　溪　沙

南宋・李清照

淡蕩春光寒食天①，玉爐沈水裊殘煙②。夢迴山枕隱花鈿③。　　海燕未來人鬥草④，江梅已過柳生綿⑤。黃昏疏雨溼秋千。

說明

這是一首少女面對晚春美景，敘述自己閨中閒適生活的作品，也是專制時代中上階層未婚少女生活的樣板。

全詞記載閨中少女一天生活的概況。上片描寫從清晨到上午的美景，下片描寫從下午到黃昏的活動。予人感覺通篇都從小處著手，景物都與小有關，例如玉爐、沈水香、山枕、花鈿、鬥草、柳綿、疏雨、秋千等，這大概與婦女天性喜歡細小之物有關。

全首無一雕琢、著色，格調清新，語言流暢，圓潤可誦，尤其描寫少女思春，文筆十分細膩傳神，與其他男人寫閨情之作相比，較為真切高明。

註釋

①淡蕩：動搖貌。指春風輕拂，天氣和煦。

②玉爐：玉石或瓷器製成獸形的香爐。沈水，即沈香、沈水香，香料名。

③山枕：高枕。一說，繡上山形圖案的枕頭。隱，倚靠。

④鬥草：古代兒童或少女以草賭輸贏的一種遊戲。

⑤江梅：生長在荒江野外不經人工修剪的梅花，或謂之野梅。此處泛指梅花。

集評

①清·沈　謙《填詞雜說》：男中李後主，女中李易安，極是當行本色。……鏟盡浮詞，直抒本色，而淺人常以雕繪傲之。此等詞極難作。

②今·王　璠《李清照研究叢稿·李清照兩首記夢的〈浣溪沙〉》：這詞構思奇突，語言凝練。有時令的描述，寫天氣由晴朗轉陰沈；有人物的刻劃，寫心情由嬌慵轉憨直。渾然無間，融為一體。黃了翁評「黃昏疏雨溼秋千」句，說：「可與『絲雨溼流光』、『波底夕陽紅溼』之『溼』字爭勝」(《蓼園詞選》)，那就未免識其小而遺其大了。

如　夢　令

南宋・李清照

昨夜雨疏風驟，濃睡不消殘酒①。試問捲簾人②，卻道海棠依舊。知否，知否，應是綠肥紅瘦③。

說明

此詞乃描寫春天雨後的景色。

第一句是整首詞的眼睛，因為「雨疏風驟」產生了落寞孤寂感，於是和侍女有了生動的對話，而這對話可說是精彩十分，將作者與侍女的身分、地位、年齡、智慧、文化修養等，以對比的方式表現出來。如作者糾正侍女的話，可見出兩人是主僕關係；作者責備侍女不愛花，又可見出知識水準和年齡的差別。

這首詞極像一部電影和電視短片，時間是清晨，地點是閨房，主角是自己，配角是侍女，場景是海棠依舊、綠肥紅瘦，而且還有生動的對話，一齣戲該有的條件都具備了。其中「綠肥紅瘦」尤見匠心，乃李清照自創的詞彙，六朝女作家劉令嫺有「雹碎春紅，霜凋夏綠」之句，是第一個如此使用的，而前修未密，後出轉精，此句更為新巧。不寧惟是，「瘦」字且有兩層意義，既指紅花凋謝，也暗指自己的瘦弱。又使用了借代法，以「綠」表枝葉，「肥」表茂盛，「紅」乃花的總稱，「瘦」表凋零。用字生動活潑，節奏明快，意新語雋，傳頌至今。

註釋

①殘酒；殘餘的酒意。

②捲簾人：指侍女。

③綠肥紅瘦：枝葉繁茂，鮮花凋零。綠，指綠葉；紅，指紅花。

集評

①明·沈際飛《草堂詩餘正集》：「知否」兩字，疊得可味。「綠肥紅瘦」創獲自婦人，大奇。

②清·黃　蘇《蓼園詞選》：按：一問極有情，答以「依舊」，答得極澹，跌出「知否」二句來。而「綠肥紅瘦」，無限淒婉，卻又妙在含蓄。短幅中藏無數曲折，自是聖於詞者。

③清·李繼昌《左庵詞話》：作詞須用詞眼，如潘元質之「燕嬌鶯姹」，李易安之「綠肥紅瘦」、「寵柳嬌花」，夢

窗之「醉雲醒月」，碧山之「挑雲研雪」，梅溪之「柳錯花暝」，竹屋之「玉嬌香怨」……

④今·唐圭璋《詞學論叢·讀李清照詞札記·「綠肥紅瘦」與孟浩然詩同妙》：此詞與詩（孟浩然〈春曉〉）所寫，一樣濃睡初醒，一樣回憶夜來風雨，一樣關心小園花朵，二人時代雖不同，詩與詞體格雖不同，樸素與凝練之表現手法雖不同，但二人愛花心靈之美則完全一致，宜乎並垂不朽云。

⑤今·徐北文《李清照全集評注》：暮春夜晚，暴風驟雨突然襲來，這對百花說來是一場無法避免的災難，自然觸發了感情豐富的女詞人的情懷。「情以物遷，辭以情發」，於是，易安寫出了這首名垂千古的《如夢令》。這首小令，通過對話曲折地表現出作者對百花的憐惜，對春光的珍視，對美好事物的熱愛。

⑥今·劉坡公《學詞百法》：「易安〈如夢令〉膾炙人口，千古不衰，何也？……還有語言的功力：清新淺俗，精練至極，「綠肥紅瘦」甚為奇峻。看似不甚經意之作，卻渾成大雅，妙語天成。

附錄

如夢令 和漱玉詞　　清·王士禛

簾額落花風驟。春思慵如中酒。久待不歸來，解識相思如舊。堪否，堪否，坐盡寶爐香瘦。

怨王孫

賞荷

南宋・李清照

湖上風來波浩渺①，秋已暮、紅稀香少②。水光山色與人親，說不盡、無窮好。　　蓮子已成荷葉老，清露洗、蘋花汀草。眠沙鷗鷺不回頭，似也恨、人歸早。

說明

　　這首詞當是易安少女時代的作品，抒寫自己對絢麗的自然山水無限熱愛之情。

　　暮秋時節，秋風蕭瑟，葉落花殘，很容易引起人們的感傷，所以文人筆下的深秋景色也往往寫得蕭條肅殺。然而本詞也寫晚秋景色，卻毫無蕭條淒冷之感，這是因為詞人少女時代生活美滿，心情愉快，又酷愛自然風光，於是便將自己的愛好、情趣賦予了自然景物，因而把整個荷湖風光寫得充滿生氣。

　　上片是詞人對攝入眼簾的湖山遠景作粗筆勾勒和點染。

下片承前進一步寫宜人的秋色，卻轉用細膩的筆觸，進行具體的描繪，儘管這時秋色漸濃，荷葉漸老，但是那一朵朵成熟的蓮蓬卻挺立湖面，充滿生氣。更可喜的是那淺水處隨波浮蕩的蘋花，那岸邊平地上迎風搖曳的秋草，經濃重的秋露一洗，顯得更加色澤鮮明，更加清潤欲滴。這一切都顯得那麼恬靜優美，怎能不讓詞人心曠神怡，因而流連忘返呢。詞到結尾，更為婉妙，當天色漸晚，黃昏來臨，詞人不得不依依離去的時候，只見那沙灘上的一群鷗鷺靜靜的睡著，也不回頭向詞人告別，好像牠們也怨恨詞人歸去太早，辜負了這美好的景色似的。這個特寫鏡頭真是新穎奇特，生面別開，寫得情趣盎然，餘意不盡。

不寧惟是，作者又善用擬人手法，移情於景，寄情於物，從而委婉的把自己的愛好、情趣與心境形象生動的反映出來，明明是自己喜歡這明麗動人的秋山秋水，卻反說湖光山色對自己十分喜愛。在詞人筆下，整個湖山晚秋景色，都顯得那麼清新、美好、迷人。把自己的感情賦予自然風物的寫法，不但把秀麗的自然風光寫活了，而且還把詞人那怡然自樂的內心世界也栩栩如生地展現出來，從而達到情景相生，物我交融的境界。

註釋

①浩渺：廣闊無邊貌。

②紅稀香少：荷花凋零，香味淡薄。紅，紅花。紅稀，即紅花衰萎而逐漸稀少。

集評

①今·王　璠《李清照研究叢稿·一幅絢爛奪目的秋景圖》：李詞從紅稀香少、蓮熟葉老中生發出水光山色、蘋花汀草、鷗鷺眠沙來，頓使生氣蓬勃，景色鮮妍，充滿著熱情爽朗的朝氣，躍動著青春的活力，體現出詞人少年時期的那種積極的、開闊的胸懷和樂觀進取的精神。

②今·徐北文《李清照全集評注》：作者以親切清新的筆觸，寫出暮秋湖上水光山色的優美迷人，表現了她對美麗風光的摯愛之情。從情致上看出，她此時的生活是安靜、和平、閒適、歡快的，此詞當屬李清照早期作品。

「水光山色與人親，說不盡、無窮好」與「眠沙鷗鷺不回頭，似也恨、人歸早」，兩句擬人手法的運用，不僅妙趣橫生，而且也使作者筆下的景物獲得勃然的生機。連同「來」、「洗」等動詞的運用，使整體畫面靈活，氣韻飛動，前結後結皆有無窮之味。極精煉，亦極自然，獲得「能令人掩卷後，猶作三日之想」的強烈藝術效果。兩個擬人句皆為平易中有句法的入神之句，高妙而精粹。

從此詞的格律結構上看，上下兩片的韻律結構都是一致的，是並列的。上片前三句概括寫湖上景物，後三句，用擬人手法表現作者對山水的熱愛。下片前三句具體寫湖上景物，後三句用擬人手法表達對湖光山色依戀的深情。

清・彭孫遹《金粟詞話》評易安《念奴嬌》「被冷香消新夢覺，不許愁人不起」和〈聲聲慢〉「守著窗兒，獨自怎生得黑」時說：「皆用淺俗之語，發清新之思，詞意並工，閨情絕調。」宋・張端義《貴耳集》評李易安〈永遇樂〉「如今憔悴，風鬟霧鬢，怕見夜間出去」時說：「皆以尋常語度人音律，煉句精巧則易，平淡入調者難。」都推崇易安詞的「淺俗」、「清新」、「尋常」。這一特點，在〈怨王孫〉這首詞中更有充分的體現，通篇明白如話，一目了然。

古人寫秋多感傷之語，悲淒之調，也有人能把秋天寫得絢麗多彩，令人精神振奮，如王安石「彩舟雲淡，星河鷺起，畫圖難足」，杜牧「停車坐愛楓林晚，霜葉紅於二月花」等，把秋色寫得清澄、明麗，令人心神鼓舞。但是，作為一個中國封建社會的女子，把晚秋景色寫得如此俊朗，令人意志煥發，毫無萎靡之感，在中國古代閨閣作家中實屬少見。

玉　樓　春

紅　梅

南宋・李清照

紅酥肯放瓊苞碎①，探著南枝開遍未。不知醞藉幾多香②，但見包藏無限意。　道人憔悴春窗底③，悶損闌干愁不倚。要來小酌便來休④，未必明朝風不起。

說明

這是詞人南渡以後詠梅之作。

「紅酥肯放瓊苞碎」把紅梅初放時的意態神韻寫活了，尤其「肯放」二字借用擬人手法，把紅梅狀似含羞，欲放將放，徐徐舒展的情韻傳神的表現出來。一向喜愛梅花的詞人見此情景，便急忙探尋向南的梅枝開遍了沒有。從字面看，這是寫詞人關心花事的急切心情；但是從全詞來看，這同時還觸發了詞人那深沈的鄉思，引起了她聯翩的浮想，由向南梅枝的花開早，想到南國春早，此時在南方看到了綻開的紅梅，那麼北方呢？恐怕也快含苞欲放了吧！但是要到何時才能再見故鄉的紅梅呢？於是心中頓時浮起一片愁雲。而眼前的紅梅並不知詞人內心深處的隱憂，還向詞人散發著陣陣的清香，盡情的展示那柔美的風韻。

下片所描述的心情更加沈重，儘管南國紅梅如此誘人，對詞人充滿無限情意，但是由此勾起深重的家國之愁、身世之悲，已無情緒賞花，只是悶坐在春窗底下，愁得連闌干也無心去憑倚。短短兩句，便真切的刻劃出詞人那憂心如焚的愁悶形象。顯然詞人非單純的詠梅，而是將自己身處離亂時代痛切的感受融入詞中，寫得形神俱勝，扣人心絃，也反映了詞人感時憂國的一片愛國深情。

註釋

①紅酥：指紅梅，形容紅梅初放時的柔嫩和色澤。

②醞藉：猶言醞釀，本指釀酒，此借以喻積漸而成。

③道人：學道之人，作者自稱。按作者中年奉佛，自號易安居士。

④便來休：便來吧。按「休」為句末語氣助詞，相當於「吧」、「了」等，唐宋人詩詞中多用之。

集評

①清・朱彝尊《靜志居詩話》：詠物詩最難工，而梅尤不易……朱希真詞：「橫枝清瘦一如無，但空裏疏花數

點。」李易安詞：「要來小酌便來休，未必明朝風不起。」皆得此花之神。

按朱希真即朱敦儒，詞為〈鵲橋仙〉。

②今・徐北文《李清照全集評注》：李清照寫梅深得詠物之法，此詞把詠紅梅與寫愛情巧妙地融為一體，自然渾成，一掃詠梅詞之俗套，當為詠花卉的上乘之作。

上片，寫梅花的色香和精神；下片，寫女主人的相思之苦，及急切盼望丈夫歸來飲酒賞梅的心情。

此詞章法，在於起承轉合之妙。首兩句起，寫梅花的形色；次兩句承，寫梅花的芳香和精神；換頭轉，寫女主人的相思之苦；結句合，寫盼望丈夫歸來飲酒賞梅的急切心情。上片起承無跡，為下片蓄勢。下片轉得陡然，末句合得巧妙輕靈。

觀　燕

南宋・朱淑眞

深閨寂寞帶斜暉，又是黃昏半掩扉。
燕子不知人意思，簷前故作一雙飛。

作者

朱淑真，錢塘人，或曰海寧人。生卒年不詳，從作品內容考證，當為北宋末至南宋初人。自號幽棲居士。生於官宦之家，幼警慧，善讀書，曉音律，工詩詞，為宋代著名女作家。後人輯其詩詞為《斷腸集》。

南宋・魏仲恭〈朱淑真詩集序〉云：「嘗聞擒辭麗句固非女子之事，間有天資秀發，性靈鍾慧，出言吐句有奇男子之所不如，雖欲掩其名，不可得耳。如蜀之花蕊夫人，近時之李易安，尤顯著名者，各有宮詞、樂府行乎世，然所謂膾炙者，可一二數，豈能皆佳也。比往武林，見旅邸中好事者往往傳誦朱淑真詞，每竊聽之，清新婉麗，蓄思含情，能道人意中事，豈泛泛者所能及，未嘗不一唱而三嘆也。早歲不幸，父母失審，不能擇伉儷，乃嫁為市井民家妻。一生抑鬱不得志，故詩中多有憂愁怨恨之語。每臨風對月，觸目傷懷，皆寓於詩，以寫其胸中不平之氣，竟無知音，悒悒抱恨而終。自古佳人多命薄，豈止顏色如花命如葉耶。」

又今人班友書《中國女性詩歌粹編》亦云：「她的《斷腸詩》與《斷腸詞》，名為斷腸，說明她也是封建婚姻制度下被犧牲的悲劇人物。這種罪惡制度，對於婦女，不論其為哪個階段，都是同樣受害。從她的詩中可以看出，她的精神生活，通常都是在孤獨、寂寞、憂傷、痛苦中度過，十之八九，都寫的是閨中懷人相思之詞。情思纏綿，淒涼怨慕，聯繫她的身世，確有令人『斷腸』之處。」

說明

這是一首標準的閨怨詩，因婚姻失敗而感慨。

「深閨寂寞帶斜暉」，寫夕陽照入深閨，表示孤獨落寞無聊；「又是黃昏半掩扉」，希望親友或心上人來訪，因此虛門以待；「燕子不知人意思，簷前故作一雙飛」，卻反而見到簷前雙燕你追我逐，你喃我呢，你貪我愛，你儂我儂，使作者油然而生人不如燕之慨。

這首絕句章法標準，前半寫景，後半寫情，但景中含情，情中帶景，難以分別。一般人見雙燕都會產生羨慕之情，但作者卻是感到羞愧，在情感上頗為特殊。

獨　坐

南宋·朱淑真

卷簾待明月，拂檻對西風。夜氣涵秋色，
瑤河浸碧空。草根鳴蟋蟀，天外叫冥鴻。
幾許舊時事，今宵誰與同。

說明

這是一首觸景生情的感傷之作。

首聯刻劃了一個柔弱女子卷簾待月的形象，面對掠過欄檻的秋風，含有淒涼之感。

頷聯寫室外之景，夜晚的空氣裏滿含著秋意。銀河浸潤在蔚藍的天空裏，含有空氣溼潤的意思，這是對獨坐之時空的具體描繪。

頸聯轉寫到引人憂愁的草根裏的蟋蟀叫和天外高飛的雁鳴，對仗極為工整。作者不從正面寫自己的孤獨和悲秋，而是捕捉到兩個足以表現秋日之蕭瑟淒涼的形象來寫，饒有藝術感染力。

尾聯作者終於關不住自己情感的閘門，幾乎是用哭訴的語氣，表達一種深沈的懷舊感和失落感油然而生。

全詩描繪出一幅「獨坐望月圖」，然而女主人不是賞月，而是感到秋風瑟瑟，孤獨無依。如此細膩的情感，是一絲絲地從作者心底深處流露出來的，帶著一種女性獨特的多愁善感之柔美。

晴　　和

南宋・朱淑眞

海棠深院雨初收，苔徑無風蝶自由。
百結丁香誇美麗①，三眠楊柳弄輕柔②。
小桃酒膩紅尤淺，芳草寒餘綠漸稠。
寂寂珠簾歸燕未，子規啼處一春愁③。

說明

此詩在描寫春雨過後晴和日麗的景象。

前六句全是寫景，後兩句則是觸景生情。通過作者的描繪，我們看到一個開滿海棠花的深深院落裏，濛濛的細雨停了，蝴蝶便沿著長滿青苔的小徑，自由自在地飛來飛去，丁香彷彿在誇耀自己的美麗芬芳。狀若人形睡臥著的柳樹，低垂著輕柔的柳絲，桃花像喝醉酒一般地怒放著，地上的芳草也在寒氣散去之後越發綠得濃密了。詩人在寂靜的珠簾裏面觀賞一派晚春的晴和景象，可是詩人想的是春燕歸來了嗎？聽到的卻是杜鵑鳥的啼聲。

詩中沒有直寫雨後春日的陽光，但是看到桃花盛開著，自然也看到了照耀著的明媚春光。可是詩人觸景生情，借歸燕來表達一顆孤寂的心，然而沒有盼到燕子的歸來，卻已聽到杜鵑在鳴叫著送春歸去了。又送走了一個孤寂的春天，詩人不禁為自己辜負這大好的晴和之日，而產生了一種莫可名狀的哀怨之情。

全詩純用白描手法，撰語樸實，形象生動，畫面尤為恬淡可愛。

註釋

①百結丁香：古代江南人常稱丁香為百結花，言其花朵之茂密。

②三眠楊柳：形容楊柳狀若人形地睡臥著。《三輔舊事》引《藝文類聚》云：「漢苑中有柳，狀如人形，號約人柳，一曰三眠三起。」

③子規：又名杜鵑，是暮春時節常見的啼鳥，啼聲猶如哀鳴「不如歸去」。

集評

①明·鍾　惺《名媛詩歸》：「蝶自由」句，「自由」二字，寫出栩栩殷勤，輕颺薄媚之態。「芳草」句，寒餘黏著芳草上，靜氣通微。「寂寂」句，問歸燕可憐。末句「子規啼處」，卻是一春愁，憂思之理，宛轉難明。

②清·趙世杰《古今女史》：《草堂》詞品，唾餘可鑄。

羞　　燕

南宋・朱淑眞

停針無語淚盈眸，不但傷春夏亦愁。
花外飛來雙燕子，一番飛過一番羞。

說明

這是一首睹物傷情，自憐幽獨的閨怨詩。

「停針無語」乃詩眼，引出淚盈眸、傷春、憂夏、觀燕等情景。朱絳〈秦女怨詩〉：「欲知無限傷春意，盡在停針不語時」，此後便成為女子憂傷時的標準動作。此詩為作者觸景生情而作，直抒胸臆，不假雕飾，通過短短四句，把自己所傷所感所痛，表現得淋漓盡致。

落　花

南宋・朱淑眞

連理枝頭花正開，妒花風雨便相催。
願教青帝常爲主①，莫遣紛紛點翠苔②。

說明

這是一首哀傷春花凋零之作。故詩題一作〈惜春〉。

此詩表面上同一般傷春、惜春、愛春的詩一樣，但不同的是，作者主要在表達美好的戀情往往被外力所阻礙的無奈。全詩人花兼寫，前兩句借花喻人，是詩人婚姻不幸的寫照；後兩句以浪漫主義的筆調，來寄託對美好婚姻的嚮往。「妒」把風雨擬人化，為摧毀婚姻愛情的惡魔，生動表現出作者痛恨人世間的無情，而且強烈反映自己善良的願望，希望春天常駐，好花常開，青春常在，有情人終成眷屬，很明顯是自己婚姻生活失敗的反射。

註釋

①青帝：司春的東皇，俗稱主宰春天的天神，簡稱春

神。

②莫遣句：莫遣，莫使。紛紛，眾多貌，絡繹貌。翠苔，苔蘚，因苔為綠色，故名翠苔。

集評

①明·鍾　惺《名媛詩歸》：「妒花」句，「便相催」，飄忽零落，不勝慨惜。

②清·趙世杰《古今女史》：階花留春，傷春已甚。

③清·陸　昶《歷朝名媛詩詞》：詩有雅致。出筆明暢而少深思，由其怨懷多觸，遣語容易也。然以閨閣中人，能躭筆硯，著作成帙，比諸買珠覓翠徒好眉嫵者，不甚賢哉。

④清·王　相《千家詩》：連理枝，雙樹並生而根連一本。青帝，即東皇，司三春之令者。紛紛，花落也。花正開而芳姿艷麗於連理枝頭，如少年夫婦燕婉和諧也。開而遇嫉妒之風雨相摧，百花搖落，如夫婦不幸中途仳離乖阻也。安得青帝常主三春，使連理花常開並蒂，而無風雨紛紛之搖落矣。

⑤今·沈祥源《千家詩助讀》：詩中的落花，正是女詩人及封建時代無辜婦女愛情被摧毀的生動寫照。她詛咒這世道的不平，嚮往著充滿美好愛情的春天。又無可奈何，只好通過詠物來表達感情，發出呼籲。

⑥今・黃漢清等《女詩人詩選》：此詩詩題是〈落花〉，寫的是綠葉茂盛、紅花凋零的晚春時節。一、二句寫景，三、四句表情，層次分明，景中見情。詩中以常見的自然現象——風吹花落，比喻人間生活中的愛情被摧殘，富有情味。「妒」字把風雨人格化了，把它比擬作摧殘青春與愛情的邪惡勢力。作者怨風怨雨，實是怨世間無情；作者惜春，實是惜情。詩的後兩句以浪漫主義的筆調，寄託自己對美好愛情的願望，含蓄而有味。

即　　景

南宋・朱淑眞

竹搖清影罩幽窗①，兩兩時禽噪夕陽②。
謝卻海棠飛盡絮，困人天氣日初長③。

說明

這是一首閨怨詩。

詩中描寫少婦在孟夏時節，內心充滿寂寞、幽怨的情感，藉由景物的轉移來呈現。「幽窗」為詩眼，景象的視角是由閨房內向窗外慢慢出現，充分把握了「即景」的主題。在煉字上十分精妙，「清影」指竹子之影，暗指自己清瘦的身體；「幽窗」反映哀傷者的心情；「兩兩」反襯自己的孤獨；「噪」字尤其用得妙，鳥鳴原本是愉快的，但詩人心情苦悶，反而變成了噪音；「卻」「盡」原指海棠、楊柳，其實暗指自己青春將盡；「困人」將作者的悲劇性格全部表現出來。詩體完整，文筆細膩，觀察入微，情意婉轉，的確不同浮泛。

註釋

①幽窗：幽靜的窗子。

②時禽：及時的鳥。

③困人：使人疲倦之意。佚名〈點絳脣〉：「荷葉乍圓，正是困人天氣。」

集評

①明·鍾　惺《名媛詩歸》：語有微至，隨意寫來自妙，所謂氣通而神肖也。

②清·趙世杰《古今女史》：氣骨幽閒。

③清·徐伯齡《蟫精雋》：後村 劉克莊嘗選其詩，若「竹搖清影」等句，為世膾炙。

④清·王　相《千家詩》：此詩作於殘春將夏之時。言竹影搖清，籠罩於幽窗之上。時禽，春深鳥聲頻噪，不可得而名也。當此之時，海棠已卸，柳絮已飛盡矣。而困人天氣，正是晝日初長之候。深閨靜坐，無聊之倦態也。

⑤今·魯文忠《閨秀詩三百首》：詩推出一系列特定景觀——竹影幽窗、時禽夕陽、花謝絮飛，構成一道困人的夏令風景線。

⑥今·沈祥源《千家詩助讀》：這首詩描繪了一幅「黃昏

倦態圖」。風搖竹枝，那清瘦晃動著的影子，映在幽靜的窗簾上；夕陽西下，一對對鳥鵲聒噪著飛回舊巢，海棠花謝去了，柳絮也飛盡了，白晝漸漸變長，空中充滿了溼氣，在這樣的天氣裏，人總是覺得困倦。

這首詩的客觀景象，也就是詩人心境的外射。修竹清影幽窗，自然透出一絲孤寂，鳥噪花謝，怎不引起幾分煩惱。如此深閨中無聊的心情，是與女詩人不幸的婚姻而導致的憂鬱分不開的。

元　　夜

南宋・朱淑眞

火樹銀花觸目紅①，揭天鼓吹鬧春風②。
新歡入手愁忙裏③，舊事驚心憶夢中④。
但願暫成人繾綣⑤，不妨常任月朦朧⑥。
賞燈那得工夫醉⑦，未必明年此會同⑧。

說明

這是一首借景抒情的詩。

作者細心描繪出追求真摯愛情的女子形象，藉由元宵之夜的火樹銀花、揭天鼓吹來烘託作者渴望美滿生活的心情，景中帶情，情感奔放而不露骨，含蓄而不失真意。

註釋

①火樹銀花：形容焰火、花燈那色彩斑爛、光芒四射的景象。

②揭天鼓吹：形容擂鼓、吹奏音樂的聲音很大，像是要把天掀開似的。表現場面的熱鬧。

③入手：到手。此言在愁悶忙碌的日子裏得到了新的歡樂。

④舊事：過去的事情。此言在回憶中也好，在睡夢中也好，往事湧上心頭，都叫人感到驚心。

⑤繾綣：言感情甚好，不能分離。

⑥任：聽憑。此言但願兩人能暫時在一起，不妨讓那月光老是朦朦朧朧的。

⑦賞燈：觀賞花燈。

⑧會同：相聚。此言今晚是難得的機會，那有工夫去賞燈喝酒？因為明年的元宵未必有機會像現在這樣相會啊！

集評

①今·洪丕謨《淑女詩三百首》：《宋詩一百首》選朱淑真的詩，僅此一首。書中「說明」道：「這首詩寫一對愛人在元宵相會時的複雜心境。他們既高興又憂愁：高興的是得到一個相見的機會，憂愁的是很快就要分別，而且後會難期。因此他們就十分珍重這一次的敍會，沒有心情去看燈賞月了。」

②今·班友書《中國女性詩歌粹編》：這首詩寫的是一對情人在元宵節晚上相會時複雜的心情。他們沈醉於甜言蜜語之中，無心去欣賞那「火樹銀花」、「揭天鼓吹」的

熱鬧場面。他們高興的是今晚有緣相見；憂愁的是又即將分離，而且明年又未必再有此良機，因而十分珍惜這次難得的聚會。此詩大膽披露心靈祕密，情意纏綿，思緒曲折，從現實回想往事，又從往事回到現實，更想到今後。詩隨意轉，多麗多采。「不妨常任月朦朧」句，融情於景，景中生情，情景俱美。全詩表現出主人公對自由愛情熱烈、執著的追求。

秋　　夜

南宋・朱淑眞

夜久無眠秋氣清，燭花頻剪欲三更①。
鋪牀涼滿梧桐月，月在梧桐缺處明②。

說明

此詩乃作者在秋夜裏因愁多而失眠之作。

前兩句敍事，後兩句寫景，無一字抒情而情盡含其中。作者在漫漫長夜中孤衾獨宿，燭花頻剪，愁腸百結，月光的照射，更襯托出淒涼的意境，不言愁而句句皆愁，是這首詩的獨特之處。

註釋

①燭花：即燈花。古人以燈花為喜事的預兆。

②月在句：言月光照耀在稀疏的梧桐間隙上，格外明亮。確是神來之筆。

集評

①明・鍾　惺《名媛詩歸》：「鋪牀」二句，又一轉，淺而閒。

②清・趙世杰《古今女史》：桐月詠秋，久屬常徑。「缺處明」三字，他人不能道。

③今・洪丕謨《淑女詩三百首》：涼天如水，夜色澄鮮，如此良宵，詩人欣賞再三，在燭花頻剪中，不覺已是半夜三更。末兩句說鋪牀所見缺月梧桐，更是別出心裁，構想得妙，遂成千古名詩，膾炙萬口。

悶　　懷二首

南宋・朱淑眞

黃昏院落雨瀟瀟①，獨對孤燈恨氣高。
針線懶拈腸自斷，梧桐葉葉剪風刀②。

其　　二

秋雨沈沈滴夜長，夢難成處轉淒涼。
芭蕉葉上梧桐裏，點點聲聲有斷腸。

說明

第一首詩描寫在秋日黃昏之際下起雨來，她獨自面對一盞油燈，怎麼能不怨恨呢？窗外正是秋風橫掃落葉，愁悶使她痛苦難耐，針線也懶得拈了。秋風像刀似的鋒利，落葉就像被剪去一般。又用腸斷來寫愁苦的深重，結合「獨對孤燈」的情景，詩人內心之怨恨便易於理解了。

第二首是寫秋雨沒完沒了的下了一夜，詩人不能入睡，連夢也做不成，更覺得夜長獨眠之淒涼。雨打在芭蕉葉上，打在梧桐樹間，淅淅瀝瀝，點點滴滴，彷佛它們也通人性，知曉憂愁，也會斷腸一般。從第一首開始，詩人已是滿懷秋思，這裏更是滿耳秋聲了，故用擬人化的手法，寫到雨打芭蕉的悲涼情景，更強調了詩人的憂愁與苦悶。

詩人的愁和悶，正如詩中所敘，是由孤獨引發出來的，她又將這種情感寫進來，藉以排解自身心靈深處的鬱悶和怨懟，同時也給予讀者一種蓄思含情的藝術感染。

註釋

①瀟瀟：小雨貌。

②剪風刀：形容秋風像刀一樣鋒利。

集評

①明・鍾　惺《名媛詩歸》：秋思逼人，更兼夜雨，其淒涼處不言可知。

②今・張顯成等《李清照朱淑真詩詞合注》：據南宋・魏仲恭《朱淑真詩集序》可知朱淑真的婚姻是不幸的，因而她「一生抑鬱不得志，故詩中多有憂愁怨恨之語。每臨風對月，觸目傷懷，皆寓於詩，以寫其胸中不平之氣。」〈悶懷二首〉係抒發女詩人秋夜苦思昔日戀人因而柔腸寸斷的悽惻、悲涼、苦悶之情。兩首詩都寫悲愁，都用「斷腸」去形容，這也許是詩人詩集的命題詩，體現了憂怨悲愁、跌宕悽惻的藝術特色。

本詩寫黃昏小雨的悲愁淒涼。此時一燈如豆，勾出了難言的怨恨。她自小秉性聰穎，外貌秀麗，她理想的丈夫應當是「分付蕭郎萬首詩」(〈秋日偶成〉)，然而她嫁的人卻俗不可耐，不懂詩詞，「每日臨風愧乏才」(〈舟行即事〉)，她能不「恨氣高」嗎？她能悠然穿針走線嗎？此時狂風大作，桐葉彷彿被刀剪斷，四處飄零，更加深了詩人的愁苦淒涼。

恨春 二首

南宋・朱淑眞

一瞬芳菲爾許時，苦無佳句紀相思①。
春光正好須風雨，恩愛方深奈別離②。
淚眼謝他花放抱，愁懷惟賴酒扶持③。
鶯鶯燕燕休相笑，試與單棲各自知④。

其二

一篆煙消蘩臂香⑤，閒看書冊就牙牀⑥。
鶯聲冉冉來深院⑦，柳色陰陰暗畫牆⑧。
眼底落紅千萬點，臉邊新淚兩三行⑨。
梨花細雨黃昏後，不是愁人也斷腸⑩。

說明

吾國自古以來，即崇高早婚，女子甫屆及笄之年，即作人婦。推原其故，殆有三因：其一，重男輕女，「女子無才便是德」之錯誤觀念深中人心，遂使女子無緣入學受教，閒居在家，等候媒人。其二，親族同居一村，雞犬之聲相聞，一家有事，全村震驚，懷春少女，較易出事，不如早日出閣，以策安全。其三，以農立國，著重男丁興旺，有利田獵，提早婚配，可以多生貴子，增產報國。故女子早婚之事，遂自然成為古代社會普羅大眾之共識。

當少女既婚之後，由於家務羈縻，諸如事奉翁姑，敦睦親鄰，籌措柴米，躬操井臼，相夫教子，日不暇給，故欲求其埋首芸窗，焚膏繼晷，創作藝文，殆難兼顧，尤非時日所許。綜觀古代頭角崢嶸，蜚聲文苑之婦女，多出書香或閥閱世家，而且必有超乎常人之智慧。諸如漢之蔡文姬、梁之劉令嫺、宋之李清照，皆是蘊奇珠澤，鍾祥累葉，自幼耳濡目染，遂成馨逸，而朱淑真則為其中之尤著者。

抑進一步言之，古代知識婦女，靜處深閨，大門不出，二門不邁，外面之大千世界，固懵然不知；即頻繁之社交活動，亦無緣參與，以是心胸狹窄，目光短淺，其所創作之題材，僅限於周遭事物與兒女私情而已。多愁善感、才情洋溢之朱淑真，既所適非人，同牀異夢，而又未嘗生育子女，略無羈累，心靈之苦悶，神情之落寞，絕非常人所能理解其萬一，乃以菊花自比，嘗賦〈黃花〉一絕云：

土花能白又能紅，晚節由能愛此工。
寧可抱香枝上老，不隨黃葉舞秋風。
◎◎◎◎◎◎◎　◎◎◎◎◎◎◎

自憐幽獨，無力奮飛，可以概見。又以怨懷多觸，恨意綿綿，在其〈得家嫂書〉中略云：

> 傾心吐盡重重恨，入眼翻成字字愁。
> 添得情懷無是處，非干病酒與悲秋。

公然寫出「悲」「愁」「恨」「病」「酒」之寂寞生涯，對生命充滿無力感，對現實又充滿無奈感，旁皇迷惘，不知所從，遂將滿腔憂憤，一一託之於詩。西哲尼采謂「一切文學作品，余最愛以血淚書之者」，若朱氏之作，真所謂以血淚書之者也。

今本《朱淑真集》中有許多詩詞寫四季景色，但絕非抹日批風、吟花弄卉之「四季調」。如其〈恨春〉五首組詩，即為自悼自傷、有感而發之作，包括一首七絕、四首七律。

古代詩人的感情似乎特別豐富，傷時憂國，死別生離，壯志難酬，懷才不遇，以至登高望遠，思古悼今，羈客恨盈，孀閨淚盡……均可入題，潛心吟詠。尤其是閨閣詩人，因為活動空間狹小，無法走向社會，與男子馳騁騷壇，爭一日之長短。若再加上遇人不淑，所適非偶，或獨守空閨，孤燈相伴，則其中懷之落寞，愁腸之百結，當可不卜而知之。緣是「閨怨」、「春怨」、「春思」、「閨意」、「閨情」、「怨情」、「春閨」、「夜思」、「瑤瑟怨」、「長相思」、「征婦怨」、「關山月」……一類篇什遂盈乎卷帙，充乎棟宇，自成一個王國。但直接以「恨春」命題，內容亦借春景以自述傷心懷抱者，則伊古以來，得未曾有，有之，則自朱淑真始。

第一首為五首組詩之二，極言春光流逝，難以挽回，惋惜之情，充牣紙墨，與歐陽修〈蝶戀花詞〉「淚眼問花花不語，亂紅飛過秋千去」，實有異曲同工之妙。

第二首為五首組詩之五，自傷煢獨，和淚以道，令人讀後，未有不為之一掬同情之淚者。尤其結尾二句，可謂纏綿其語，摧惻其懷，固足以喧騰一時，流布千載，不但是《朱集》中錚錚之作，亦且是兩宋三百年間擲地有聲之雋品。

註釋

①一瞬芳菲二句：春光短暫，一下子就已逝去，自己苦於不能寫出美妙的詩句來表達對春天的相思之情。芳菲，謂花草的芳香。爾許時，如此短暫的時光。

②春光正好二句：春光美好，無奈多風多雨；情感正深，無奈春去匆匆。

③淚眼謝他二句：感謝春日鮮花盛開，帶給我幾多歡樂，而花謝春歸後，我就只能借飲酒以消除煩悶了。放抱，猶言花開花謝。賴，借助。扶持，幫

助。

④鶯鶯燕燕二句：成雙成對的鳥兒，請不要笑話我，如果你們失去了心愛的伴侶，你們就會理解我現在的孤苦寂寞了。在這裏，作者將春比作親蜜的伴侶。

⑤一篆：猶言一盤香或香的煙縷。蘇軾〈宿臨安淨土寺詩〉：「閉門群動息，香篆起煙縷。」

⑥牙牀：指精緻華美的牀，有象牙雕飾者。

⑦冉冉：漸進貌。即由遠及近之意。《楚辭．屈原．離騷》：「老冉冉其將至兮，恐修名之不立。」

⑧陰陰：林木藏密，蒼鬱幽深的景色。

⑨眼底落紅二句：看見花落無數，想到春意凋殘，春日即將離去，禁不住淚流滿面。落紅，落花。

⑩梨花細雨二句：梨花本清絕，更在黃昏絲絲細雨中飄零紛紛，令人不禁斷腸。宋朝 李重元〈憶王孫．春詞〉「欲黃昏，雨打梨花深閉門。」

第一首

①明．鍾　惺《名媛詩歸》：「春光」二句，于恩情中說出怨恨，時序與人事一般說便深。「花繳抱」句，「繳抱」字奇奧。末二句，恨語、狠語。

按「放抱」《名媛詩歸》作「繳抱」，形容花木縈繞環抱。

②今．李德身《歷代婦女詩詞鑒賞辭典．朱淑真〈恨春〉》：幽棲居士朱淑真有五首《恨春》詩，這是其中的第二首。用的是七律詩體，寫的是對春光流逝的怨憾之情，表現出詩人深愛春光而無法挽留的愁懷。

首聯寫愛春之思。「芳菲爾許」，猶言花草如此芳香，春光這樣大好。可惜只有「一瞬」之「時」，一眨眼工夫即將消逝。開頭一句，即已融注了詩人深受「芳菲」、深惜「一瞬」之情。因此「苦無佳句紀相思」就順勢而發了。詩人要把對春光的想念用美好的詩句記錄下來，以示不忘，而為沒有想出精警的「佳句」而苦惱，其愛春情深可以想見。詩人簡直將春看成是自己的戀人，用表示男女相思慕的「相思」一詞，形容對春的無限想念。唐人王維〈相思詩〉云：「紅豆生南國，春來發幾枝。願君多採擷，此物最相思。」即是此句之所本。首聯融情於物，意深詞切，奠定全詩比興寫法的基調。

頷聯寫憾春之別。「春光正好」承前「芳菲爾許」，將愛春之意更進一竿。接以「須風雨」，則筆觸一轉，生發「一瞬」二字，描畫風雨將至、春光將逝的景況。「須」字既寫「風雨」之將至，更寫「春光」之無情。詩人愛春，魂思夢繞，而春待風雨，執意歸去。一腔「相思」之情即將化為一場春夢，其間不僅有依依惜春之情，而且有隱隱怨春之意了。所以詩人不禁發出「恩愛方深奈別離」的長嘆了。正因詩人對春「恩愛方深」，才對春之「別離」感到難分難捨而無可如何。越是愛得深，越感別之難。「奈」字既含有對春如何能徑自離去的責問，又含有自己無法留春而莫可奈何的悲哀。「恨春」之意，至此已流露在字裏行間。

頸聯寫辭春之愁。儘管花謝春去，無情棄我；我自淚眼相對，向他告辭。空餘滿腔愁緒，孤淒無慰；只有一醉，借酒澆愁。「淚眼」、「愁懷」，更顯「恩愛方深」；「花放抱」、「酒扶持」，則是「奈別離」的具體生發。「淚」寫辭春之悲，內含愛春之深；「愁」表春棄之苦，暗寓怨春之初。上句寫春去，下句寫獨處，其間忍痛告別、無限留戀的愛惜之心，與借酒澆愁、無可排解的怨恨之意，縈繞交錯，矛盾糾纏，將「恨春」主旨已經表達得淋漓盡致。

尾聯寫春逝之孤。詩人本來已在上聯將辭春恨春之意寫盡，但她還不滿足，更以「鶯鶯燕燕休相笑」宕開一筆，進一步深化在春逝之後「單棲」苦熬的怨情。「鶯鶯燕燕」，猶謂鶯燕，而在語感上則給人一種成雙成對的印象。唐人喬知之《定情篇》：「鳧雁將子游，鶯燕從雙棲」。就表達了這種意思。朱淑真〈謁金門〉詞：「好是風和日暖，輸與鶯鶯燕燕」。寫的也是這種情景。黃鶯初春始鳴，故又稱告春鳥；燕子是一種春天飛到北方、秋天飛到南方的候鳥。但是牠們在春光消逝之後，仍然在婉轉啼鳴，歡快飛翔。說牠們「休相笑」，正以牠們依舊成雙成對地歡歌笑語，毫無春逝之後的哀愁，反襯詩人的孤苦難排的心境。詩人是把鶯燕作為春光物候的代表看待的，而春光已逝，它們竟然歡快如故，大概由於牠們成雙成對所致吧。所以用「試與單棲各自知」作為「休相笑」的理由相答，則詩人之形單影隻，除了春光是自己唯一的知己以外，再也沒有伴侶的語意，就顯得十分沈痛而分明了。這樣寫，不僅借物襯情，設想奇妙；而且表明春盡，使得首尾相應，結構完整；特別是把自己單棲無侶的「恨春」之情推進到無以復加的境地，實在令人感傷至極，從而完成了從愛春、惜春、辭春、傷春直至恨春、怨春的詩境。

第　二　首

①明·鍾　惺《名媛詩歸》：「暗畫牆」，脈脈自恨。

②清·趙世傑《古今女史》：起語趣甚。

③今·施慶國《歷代婦女詩詞鑒賞辭典·朱淑真〈恨春〉》：詩評家說：朱氏之作，反映了詩人「悲」、「愁」、「恨」、「病」、「酒」五字生涯。確實，朱淑真由於婚姻不幸，悒悒抱恨而終，因而，其作大都委婉柔媚，音意苦楚，憂憤抑鬱之情，溢於字裏行間。〈恨春〉

即為一首抒發幽怨之音的感傷詩。

首聯「一篆煙消繫臂香，閒看書冊就牙牀。」是說詩人的生活寂寞孤淒。「閒」字，「就」字，無不透露出詩人淒寂難忍、百無聊賴的苦楚心情。與〈寓懷〉詩「偏宜小閣幽窗下，獨自燒香獨自眠」及〈畫王庵道姑壁〉詩「塵飛不到人長靜，一篆爐煙兩卷經」的筆調是一致的，都反映了她與戀人分別後憶往追昔，思之不得，無可奈何，意欲逃避紅塵的心境，從此中，也可一窺詩人自號幽棲居士的心理。但是，社會生活中，任何人都不是孤立存在的，不是人創造環境，就是環境影響人。

頷聯「鶯聲冉冉來深院，柳色陰陰暗畫牆」，這眼前之景又在詩人漸趨平靜的生活中蕩起了新的漣漪，此聯不僅對仗工整，擬人恰當，而且一寫動景，一寫靜態，動靜結合，頗具情趣。更值得稱道的是：「來」字本極普通，然經「冉冉」修飾，便無限擴展了畫面的空間；「暗」字在修飾名詞「畫牆」的同時，更描繪出日落黃昏時的婆娑樹影和時光的無情流逝。因而，詩人此時感受到的不是鶯聲和鳴的春日美景，而是那「落紅風裏不聞聲」的傷春悲情。

頸聯「眼底落紅千萬點，臉邊新淚兩三行」。借飄零的落花，喻孤淒的身世，明是傷春，實是自憐。

更難堪的是「梨花細雨黃昏後」，人靜月明，詩人臨窗獨坐，觸目傷情，遙想天隔一方的戀人，怎敵這空寂惆悵？然詩人此處卻不訴自己的愁情恨緒，角度一變，只說「不是愁人也斷腸」，即殺筆戛然而止。尾聯表面上看是言未完、意未盡，實際上卻是以「筆斷意連」的手法，將內心的情感淋漓盡致地傾瀉無遺，與李清照的〈聲聲慢〉詞：「梧桐更兼細雨，到黃昏點點滴滴，這次第，怎一個愁字了得」意境相同，都是「不寫之寫」的絕妙之筆。

朱淑真的作品，是她一生愛情生活的真實寫照，大體可分三個時期：**①少女時歡戀，②分離後思戀，③獨居時失戀**。這首〈恨春〉寫得深沈而悲痛，當是後期之作，而詩人另一首〈恨春〉詩，就寫得蓄思含情，怨而不恨，愁而不哀，當是中期之作。可見朱氏之作，雖多憂怨悲憤，跌宕悽惻，但決非無病呻吟，因而我們在今天欣賞其詩作，須持一定的審美距離，不能只看到悲愁怨恨，而應看到詩人反映生活的筆力，更應看到封建社會對婦女的種種迫害。

生　查　子

元　夕

南宋・朱淑眞

去年元夜時，花市燈如晝。月上柳梢頭，人約黃昏後。　今年元夜時，月與燈依舊。不見去年人，淚滿春衫袖。

說明

此為詩人失戀之作。

上片描寫元宵節之美，與情人愛意深濃；下片寫節景依舊，而情人卻已遠去。有景物猶是而人事已非之嘆。以今昔景物之繁華依舊，反映出心情強烈的轉變，此種對比手法，更能把失戀之情表現得淋漓盡致。一說，此詞為歐陽修所作，未知孰是。

集評

①明・楊　愼《詞品》：朱淑真〈生查子〉（元夕），詞則佳矣，豈良人家婦所宜道耶。

②明．徐士俊《古今詞統》：元曲之稱絕者，不過得此法。

③清．陳廷焯《白雨齋詞話》：朱淑真詞，才力不逮易安，然規模唐、五代，不失分寸。如「年年玉鏡台」及「春已半」等篇，殊不讓和凝、李珣輩。惟骨韻不高，可稱小品。

④清．況周頤《蕙風詞話》：歐陽永叔〈生查子〉元夕詞誤入朱淑真集。升庵引之，謂非良家婦所宜。《欽定四庫全書提要》辨之詳矣。魏端禮〈斷腸集序〉云：「蚤歲父母失審，嫁為市井民妻，一生抑鬱不得志。」升庵之說實原於此。

⑤清．陸　昶《歷朝名媛詩詞》：浙人才色清麗，罕有比者，所偶非倫，賦《斷腸詩》十卷以自解。臨安 王唐佐為傳，述其始末。吳中士夫集其詩二百餘篇，宛陵 魏仲恭為之序。詩有雅致，出筆明暢而少深思，由其怨懷多觸，遣語容易也。然以閨閣中人能耽筆硯，著作成帙，比諸買珠覓翠、徒好眉嫵者，不其賢哉。

又曰：淑真詩好，詞不如詩，愛其「黃昏卻下瀟瀟雨」句，又詞好於詩也。惜其〈生查子〉「月上柳梢」語，作人話柄，不足取耳。

⑥今．龔學文《閨秀詞三百首》：這首詞寫了詞人在元宵節的一段富有詩意的經歷和令人回腸的感慨。上片寫女

主人公回憶去年元夜與情人的佳期密約。首句點出時間，接著概括地描寫出元宵之夜的熱鬧情況，然後進一步交代兩人約會的時間是在黃昏後。黃昏正是閒暇時分，人們在自由閒散的黃昏渴求美的享受，月和柳相映，十五的圓月象徵著男女愛情的美滿，柳枝如萬條絲縧般在皎潔月光下輕輕擺動，也給約會的情侶增加了綿綿的情意。下片寫女主人公在今年元夜時想念情人的無限感慨。

詞中採用了鮮明的對比手法，上片寫「去年元夜時」留下的美好印象，下片則寫「今年元夜時」不見去年人的孤寂情景。上下片一聚一散，一喜一悲，形成了強烈的對比。由於不見去年人，女主人公看到那「月與燈依舊」的情景未免觸景生情，潸然淚下，終於不堪忍受而「淚滿春衫袖」，這個「滿」字寫出了女主人公無限的傷感。

眼　兒　媚

南宋・朱淑眞

遲遲風日弄輕柔，花徑暗香流。清明過了，不堪回首，雲鎖朱樓。　　午窗睡起鶯聲巧，何處喚春愁。綠楊影裏，海棠枝畔，紅杏梢頭。

說明

這首小詞通過對春景的描繪，宛轉地抒發了惜春之意。

上片寫風和日麗，百花飄香，而轉眼清明已過，落花飛絮，雲鎖紅樓，令人不堪回首。下片寫午夢初醒，綠窗聞鶯，聲聲喚春愁。結尾三句，構思新巧，含蓄無限。全詞語淺意深，色淡情濃，清新雋永，別具一格。

集評

①今・龔學文《閨秀詞三百首》：朱淑真在少女時期有過一段美好的戀情生活，這首詞大概就寫在她同戀人分離不太久的時候。上片描寫美好的春景。女主人公在華美

的樓閣上看到：和煦的春風慢慢地撫弄著輕柔的楊柳，滿苑的鮮花隱隱飄逸出清淡的花香。大自然的景色是非常美麗的，但是自己居住的樓閣卻被雲霧籠罩著，使她不得享受春天的歡樂，這就隱隱透露出她與戀人分離後的愁情。

下片抒寫午睡醒來後的愁思。由於女主人公心中煩悶，所以只好用睡覺來排遣，但當午睡醒來聽到黃鶯兒的叫聲後又陷入難以排遣的愁思中，那黃鶯兒婉轉的叫聲從綠楊影裏傳來，從海棠亭畔飄來，從紅杏梢頭飛來，本來聲音是悅耳的，色彩是悅目的，可是只因為心上的人兒已經離去，再好的美景也只能喚起她的愁思。

全詞從感到的暖意，嗅到的幽香，聽到的鶯啼，看到的色彩，描寫出一幅鳥語花香的春景圖。用這種樂景反襯愁情，顯得辭淡情濃，清麗幽雅，既能給人美感，又能動人心絃。

減字木蘭花

春　怨

南宋・朱淑眞

獨行獨坐，獨唱獨酬還獨臥①。佇立傷神，無奈輕寒著摸人②。　此情誰見，淚洗殘妝無一半。愁病相仍③，剔盡寒燈夢不成。

說明

這是一首標準的閨怨詞。

一個孤獨落寞，為情所傷的少婦徹夜難眠的一舉一動，一情一景被描寫得十分生動逼真。

開頭十一字中，連用五個「獨」字，強化了深更夜寒、孤寂煩悶的情狀。「佇立傷神，無奈輕寒著摸人」，由動到靜，戛然而止。「此情誰見」為承上啟下之句，使上下兩片緊密地連接起來。從傷神到哭泣，最後以畫龍點睛的筆法，點明了「夢不成」這一悲怨的主題。把愁病交加，悲傷至極的難眠之夜，寫得十分靈動感人。

註釋

①唱、酬：唱和。

②著摸：撩惹、沾惹。

③仍：重疊，繼續。

集評

①清・吳衡照《蓮子居詞話》：朱淑真詞：「無奈春寒著摸人」，「著摸」二字，孔平仲、彭汝礪詩皆用之。

②今・徐振邦〈歷代女子愛情詩選〉：此詞傾訴了詞人由於婚姻不幸而感嘆命運的不幸，表達出一種孤寂的情緒。

③今・龔學文《閨秀詞三百首》：朱淑真的婚姻是不幸的，由於父母包辦失審，她嫁給一個志趣不相投的人為妻，其夫為人庸俗不堪，使她抑鬱寡歡。後來她的丈夫別有所歡，索性遺棄了她，本詞即抒寫了她被丈夫遺棄後淒涼無告的情狀。

上片從詩詞唱和、行走坐臥等各個方面寫明自己孤獨寂寞的情景。詞的開頭即不落窠臼，連用五個「獨」字，把自己心煩意亂，無所適從的孤獨寂寞的心態描繪得十發透徹，抒發出滿腔的悲緒愁情，表現出對自己婚姻不如意的憤慨。

下片描寫自己淚洗殘妝，愁病相加，夜不能寐的情景。「此情誰見」，正說明她沒有知心人可以交談。「淚洗殘妝」，從眼淚之多見出她痛苦之深。「愁病相仍」，這正是那種封建包辦婚姻造成的惡果啊。

全詞布局謹嚴，層次分明，語言流暢，情緒低沈，充滿了對自己不幸婚姻的怨憤，讀之真可以令人斷腸。

蝶　戀　花

送　春

南宋・朱淑眞

樓外垂楊千萬縷，欲繫青春，少住春還去。猶自風前飄柳絮，隨春且看歸何處。　綠滿山川聞杜宇①，便做無情②，莫也愁人意。把酒送春春不語，黃昏卻下瀟瀟雨。

說明

這是一首惜春詞。

上片抒發對春的眷戀之情，樓外的楊柳垂下千萬縷柳絲，想把春天繫住，可是儘管楊柳多情，春也無意「少住」。柳絮隨風，春歸何處？下片描繪春之景致，抒發傷春情懷。綠滿山川，杜宇聲聲，瀟瀟暮雨，春將歸去，令人不勝眷戀。

全詞意境清幽，措詞委婉，悱惻纏綿，深沈含蓄。

註釋

①杜宇：杜鵑鳥之別名。

②便做：宋代方言，猶今「即使」之意。

集評

①明・李攀龍《草堂詩餘・續集》：滿懷妙趣，成片裏出，體物無間之言。

②清・許昂霄《詞綜偶評》：「莫也愁人意」，「意」字借協。「把酒送春春不語」二句，與「庭院深深」作後結、「妾本錢塘」作前結相似。

③清・陸　昶《歷朝名媛詩詞》：淑真詩好，詞不如詩。愛其「黃昏卻下瀟瀟雨」句，又詞好於詩也。

④今・張顯成《李清照朱淑真詩詞合注》：「把酒送春」二句，留春不住，只有把酒送春，而暮雨瀟瀟，加速了春歸的步伐。歐陽修《蝶戀花》：「淚眼問花花不語，亂紅飛過秋千去。」這兩句似從歐詞脫出。

⑤今・龔學文《閨秀詞三百首》：這是一首傷春詞。上片用擬人化的手法，借垂楊飄絮留春和隨春的景象抒發傷春的情感。那樓外的「垂楊」，實際上是作者自比，一個「繫」字表示對美好春光的無限留戀之情，也表示對自己消逝的青春的留戀，但誠如作者在另一首〈清平樂〉中

所寫：「擬欲留連計無及。」要留戀春天的美景已經不可能了。下片描寫詞人所見所聞以及對雨把酒等情景，直接抒發傷春的情感。「綠滿山川」是作者所見，點明正是春夏之交的時節。「聞杜宇」是作者所聞，那杜鵑的哀鳴更激起她惆悵悲苦的感情，她只好對著瀟瀟春雨把酒送春，更增添無限的愁緒。

全詞通過描寫萬縷垂楊，飛絮繾綣，杜鵑哀鳴，春雨瀟瀟，構成一幅淒婉纏綿的畫面，一個多愁善感，把酒送春的女主人公的形象活現在這幅畫面中，詞句清麗，意境深遠。

⑥今·黃漢清《女詩人詩選》：這是一首寫得非常出色的惜春詞。

上片寫惜春。作者運用她異常豐富的想像力，巧妙地將春天、垂楊、柳絮擬人化，把自己內心的情思傾注到大自然的景物中去。樓外千萬縷的楊柳垂條，隨風飄舞，彷彿和人的惜春心情一樣，想把春天拴住。可是春天只停留片刻，還是要匆匆離去。柳條無法把春天拴住，而癡情的柳絮便要發揮它可離開原地隨風飛揚的特點，悄悄地尾隨著春光，看看它究竟到何處去。這形象的描寫，非常微妙而又十分含蓄地透露出作者對青春的消失懷著無限惋惜的心情。

下片寫送春。「綠滿山川」說明已是暮春。眼看青山綠野本可心曠神怡，但耳聞杜宇聲聲又令人悲傷。此處設置景與聲的不協調，表明作者留戀「綠滿山川」的春天，怕聽杜宇的哀鳴。「便做無情，莫也愁人意」這一假設句式，強烈地表達作者因春天的歸去而產生無可奈何的心情。留春春不住，只好送春。「把酒送春春不語，黃昏卻下瀟瀟雨」，形象地寫出春天在風雨瀟瀟之下悄悄離去，流露出作者無限惆悵抑鬱的情緒。

全詞由惜春到送春，寄託著作者熱愛青春又哀嘆時光易逝的真情實感，富有一種悲劇的藝術力量。

謁金門

南宋‧朱淑真

春已半①，觸目此情無限②。十二闌干閒倚遍，愁來天不管③。　好是風和日暖，輸與鶯鶯燕燕④。滿院落花簾不卷，斷腸芳草遠⑤。

說明

這是一首敘寫春愁的小詞。

上片寫仲春時節，眼前景色，觸目生愁。雖「十二闌干閒倚遍」也無法排遣春愁。下片寫閨中人在這風和日暖的大好春光中，想起了自己所懷念的人，不禁愁緒萬端，甚至不如成雙成對的鳥兒，因此不願看到滿院落花和斷腸芳草。

通篇文筆細膩，愁思無限，尤其末句「斷腸芳草遠」，結得婉麗空靈，雋永可誦。

註釋

①春半：指仲春時節，春意最濃的時候。

②此情：指春愁。

③不管：不理會。此言煩愁湧上心頭，什麼也不理會了。

④輸與：比不上。二句言風和日暖的日子好是好，但自己卻不能像鶯燕那樣成雙成對。

⑤芳草：本為花草，這裏暗指情人。《楚辭·招隱士》：「王孫游兮不歸，春草生兮萋萋。」李重元〈憶王孫〉詞：「萋萋芳草憶王孫，柳外樓高空斷魂。」這是看到芳草就聯想到情人王孫尚未歸來。

集評

①清·陳廷焯《大雅集》：淒婉，得五代人神髓。

②今·龔學文《閨秀詞三百首》：朱淑真同她的戀人不得已分別之後，陷入極度的憂愁之中，這首詞即是仲春時節抒發閨怨離愁的作品。

上片寫無法排遣的愁緒。起首兩句寫春天已經過了一半，看到這仲春無限美好的風光卻觸動了無限的愁緒。後兩句接著寫她為了排遣這無限的愁緒，倚遍了十二曲的欄干；「倚遍」二字顯出她憂愁之久之深。誠如她在〈寄別〉詩中所說：「人自多愁春自好，天應不語悶應同。」大自然不管她愁不愁，到了仲春季節仍然呈現出無限美好的風光，所以詞人只好無可奈何地說：「愁來天不管。」

下片寫自己連成雙成對的鶯燕也不如，無心欣賞美麗的春光。在「風和日暖」的大好時節，只見鶯鶯燕燕成雙成對地自由飛翔著，與戀人離別後的詞人深感連鶯燕也不如。但又正如她在〈恨春〉一詩中所說：「鶯鶯燕燕休相笑，試與單棲各自知。」如果鶯燕只是單個一隻棲息在巢中也會感到孤寂難耐的。詞人以自己的孤寂憂愁想像鶯燕單棲的苦況，可見想像之豐富，憂愁之深沈。所以她在結句中以「斷腸」抒發極度憂傷的心情，以「芳草遠」來比況戀人的音信杳然。

全詞仍然是以樂景反襯哀情，顯得悲傷淒切，真率自然，表現出豐富的生活體驗和較高的文學修養。

③今・黃漢清《女詩人詩選》：這是一首寫閨思的小詞。時值仲春，風和日暖，本應是賞心悅目的時候了，可是這位女子的心情卻與眾不同，因為她思念著遠行的情人，心神不寧，坐立不安，無意賞春。看到鶯燕雙飛，對比自己的孤單，深感淒然。不願卷簾，是怕看到窗外落花而增添憂愁。但綿綿情思老纏著她，在這芳草萋萋的仲春，想到情人還在遙遠的他鄉，因而愈感悲愴。此詞景小意切，玲瓏剔透，可謂藝術小品。

清平樂

夏日遊湖

南宋・朱淑眞

惱煙撩露①，留我須臾住②。攜手藕花湖上路，一霎黃梅細雨③。　　嬌癡不怕人猜④，和衣睡倒人懷。最是分攜時候，歸來懶傍妝台⑤。

說明

此詞乃記夏日與戀人攜手同遊西湖之事，同時刻劃了一個感情生活愉快的少女形象，可能是作者少女時代愛情生活的寫照。

首句道出遊湖的時間是在夏日的的清晨，如煙一般朦朧的霧氣和晶瑩剔透的露珠即將消失之時，作者用了「惱」「撩」二字，便為「留我須臾住」找到了理由，呆了一會兒，才攜手走上開滿荷花的湖堤，一霎工夫黃梅細雨下起來了。這時遊湖，煙雨茫茫，憑添一份朦朧之美。

下片是寫躲雨時的心態。作者嬌憨之態不怕別人猜度，不解衣便睡倒在愛人懷裏，而分手後也懶得靠近梳妝檯看自己的模樣。少女的千情百態躍然紙上，描繪得淋漓盡致。

註釋

①惱煙撩露：使人煩惱的煙霧和露水。撩，撩撥。

②須臾：一會兒。

③一霎句：一會兒遇上一陣黃梅小雨。一霎，一會兒。黃梅細雨，夏初梅子黃時下的綿綿小雨。

④嬌癡：天真可愛，無所顧忌的樣子。

⑤最是二句：最是，正是。二句言戀人離別，這是最難過、最無奈的事情，別後回到家中，再也沒有心思梳妝打扮了。

集評

①明．沈際飛《草堂詩餘．別集》：〈馳驅樂歌〉：「枕郎左臂，隨郎轉側。摩捋郎鬚，羞郎顏色。」《詩歸》謂其千情萬態，可作風流中經史注疏；「和衣睡倒」，謂不可訓。迂哉！

②清．趙世杰《古今女史》：姿態橫生。

③清．吳衡照《蓮子居詞話》：易安「眼波才動被人猜」，矜持得妙；淑真「嬌癡不怕人猜」，放誕得妙。均善於言情。言情以雅為宗，語豐則意尚巧，意褻則語貴曲。顧

夐〈訴衷情〉云云，張泌〈江城子〉云云，直是傖父脣舌，都乏佳致。

按李易安詞乃〈浣溪沙〉，朱淑真詞乃〈清平樂〉。

④今・班友書《中國女性詩歌粹編》：有人因為她的絕句〈落花〉和〈即景〉被選入《千家詩》，流傳甚廣，因而認為她的詩比詞強。其實未必盡然，她的詩溫婉有餘，深度則不足。詞的取材較小，又適宜表現女性的心理活動，所以有些詞確可以媲美《花間》，但其最佳處恐怕也未能超過易安。有的詞作如〈江城子〉〈清平樂〉倒是真能表現她的自我價值，對愛情的大膽表白，但衞道者們可能又認為有違「溫柔敦厚」之旨。其實這才是真正的朱淑真。

⑤今・龔學文《閨秀詞三百首》：這首詞記夏日與戀人攜手同游西湖之事。上片寫女主人公隨同戀人一起游湖玩樂的情景。女主人公和她的戀人在藕花湖中的小路上攜手而行，即令下著黃梅細雨，他們也感到非常快樂，因為他們相親相愛，在美麗的大自然中享受著愛情的歡樂。下片寫她在玩樂中忘記了一切，回家後又陷入孤寂愁苦的境地。「和衣睡倒人懷」的描敘，使人想見他們的愛情發展到高峰，兩人擁抱在一起，以致忘記了一切。「歸來懶傍妝台」的描敘，則又說明她在湖中玩樂只是短暫的，一回到家中她又重新陷入憂愁痛苦之中。

在當時程朱理學統治之下，女主人公能如此勇敢地追求自由的愛情，並大膽地在作品中實錄，這是非常難能可貴的。但在封建禮教的禁錮下，她並不能主宰自己的命運，不久她即在父母脅迫下嫁給一介庸夫，從此過著以淚洗面的生活。

⑥今‧段躍慶《歷代婦女詞百首選注》：這是一首寫戀情的詞。從湖上相會，寫到攜手漫遊；又從攜手漫遊，寫到旖旎繾綣的歡聚高潮；最後從甜蜜的歡聚，再寫到痛苦的分離和歸來之後百無聊賴的心情。這樣根據情節的自然發展，由低潮到高潮，再由高潮到低潮。層次分明，排比有序，把一個夏日湖上小游的戀情幽會，寫得淋漓盡致，毫不保留，有聲有色，真實動人。

江　城　子

賞　春

南宋・朱淑眞

斜風細雨作春寒，對樽前，憶前歡。曾把梨花，寂寞淚闌干①。芳草斷煙南浦路，和別淚，看青山。　昨宵結得夢因緣，水雲間②，悄無言。爭奈醒來、愁恨又依然③。輾轉衾裯空懊惱，天易見，見伊難。

說明

這是作者失戀時的代表作，標題「賞春」似應改為「恨春」才對，春表戀情，怨恨美好的戀情，最後卻以悲劇收場，感到十分無奈。

全詞分為四段。「斜風細雨作春寒，對樽前，憶前歡」，是追憶婚前舊情人。「曾把梨花，寂寞淚闌干，芳草斷煙南浦路，和別淚，看青山」，是戀愛期間的悲歡離合。「昨宵結得夢因緣，水雲間，悄無言」，寫夢中會見舊情人在天河之上。「爭奈醒來、愁恨又依然。輾轉衾裯空懊惱，天易見，見伊難」，是說情郎不知在天涯海角，要重續前緣已成絕望。「憶前歡」是詞眼，前面以天氣、美酒作鋪墊，後面則寫對男友的念念不忘。

作者用極深沈的語調，概述戀情始末，最後寫出愛情的悲劇，發出絕望的心聲。這首詞在她悲慘的身世中，佔了極重要的位置。

註釋

①闌干：形容眼淚縱橫交錯之狀。白居易〈琵琶行〉：「夜深忽夢少年事，夢啼妝淚紅闌干。」

②水雲：指天河。

③爭奈：想不到。

集評

①今・段躍慶《歷代婦女詞百首選注》：本詞題為「賞春」，實寫「怨春」。就詞的內容看，上下兩片可分為四個段落。第一段寫憶舊；第二段寫別離；第三段寫夢幻；第四段寫絕斷。詞以極其深沈的語調，概述了自己戀情的始末，最後寫出了愛情的悲局，發出了絕望的心聲。全詞層次清晰，錯落有致，情感深摯，悔恨交加，有很深的藝術感染力。

②今・龔學文《閨秀詞三百首》：詞人在父母包辦下嫁給

了一個庸俗不堪的人，因不稱心而經常回憶過去的戀情，陷入極度的憂愁之中，於是填了這首詞。上片回憶過去戀愛的歡樂和別離的痛苦。詞人在「斜風細雨」之中對酒遣愁，不禁回憶起過去與心上人在一起歡聚的日子，但是那種歡聚是非常短暫的，不久她就手持梨花，在「芳草斷煙」的南浦路上和心上人灑淚而別，從此結束了她那美好的戀情生活。下片寫與心上人別離後的夢幻和絕望。詞人與心上人在現實中雖然不能相見，但是卻又在夢中的水雲之間相見，「水雲間」正顯出夢中的虛幻，「悄無言」則使人想見兩人相會後極其興奮喜悅的情景，但是好夢不長，一當詞人夢醒後又依然是愁恨滿懷，發出了「天易見，見伊難」的絕望的悲鳴。

全詞以極其深沈而悲痛的語調，寫出了詞人失去真正愛情後的極度憂愁和痛苦，表示了對封建禮教扼殺婚姻自由的憤懣。因此這首詞雖然題目叫做「賞春」，實際上是在怨春，是對美好青春遭到扼殺和毀滅的深重怨恨。

卜算子

答施

南宋·樂婉

相思似海深，舊事如天遠①。淚滴千千萬萬行。更使人、愁腸斷。　要見無由見，了拼終難拼②。若是前生未有緣③，待重結、來生願④。

作者

樂婉，南宋杭州名妓，與施酒監情愛甚篤，臨別之際，施贈〈卜算子〉與婉。詞云：「相逢情更深，恨不相逢早。識盡千千萬萬人，終不似、伊家好。別爾登長道，轉更添煩惱。樓外朱樓獨倚闌，滿目圍芳草。」婉遂填本詞回贈。施氏生平不詳。

說明

此詞為送別之作。

首句「相思似海深」奠定全詞的情感基調，「深」為詞眼，所有的離別愁緒，皆因「深」而起。「要見無由見，了拼終難拼」表現出強烈的情感和現實的衝突，正是「人愁斷腸」的關鍵。「若是前生」句以假設終結，從側面烘托出相思之情的堅貞，將全詞情感昇華得更純潔、熱烈。一般寫相思之情，大多纏綿哀怨悽惻，而這首作品卻是白描式的內心獨白。

上片正面渲染相思之深，下片側面烘托愛情之堅。直抒胸臆的情感流露，使感情深沈而不流俗，真誠而不淺薄。如果循著感情的基調線索對這首詞加以分析，就會發現從上片到下片，節奏由緩而急，基調由壓抑而迸發，在「待重結、來生願」一句中，情感找到突破口，形成全詞感情的高潮。

註釋

①舊事如天遠：過去的事情想起來像天那樣遙遠。

②了拼終難拼：想要了卻捨棄卻難了卻。了，結束、斷絕。拼，割捨。以上二句言別後無法再相見，只好捨棄情愛，斷絕關係，但在情感上又難以做到。

③緣：因緣。指人與人或人與事之間所謂由命中注定的遇合機會，這是一種宿命論。

④來生：來世。佛教宣傳人死後會重新投生，因稱轉生之世為來世。此表現作者對愛情的熱烈追求，生死不渝。

集評

①今·龔學文《閨秀詞三百首》：這是一首表白愛情的閨秀詞。

上片寫女主人公與其心愛的人兒情深似海，因為非常想念，以致淚落千萬行，憂愁腸欲斷。「似海深」是通過比喻進行誇張，「千千萬萬」是通過數字進行誇張，「愁腸斷」則是通過描寫進行誇張，這種多角度的誇張，使得火辣辣的感情從字裏行間迸發出來。

下片寫女主人公與其心愛的人兒想見面又沒有緣由見面，見了面又難捨難分的情景。「若是前生未有緣，待重結、來生願。」從前生到來生都始終如一，可見女主人公對愛情的執著忠貞。在中國封建社會中，妓女並非完整意義的「人」，而只是供人娛樂的玩物，但是她們有很多並不甘心過這種花柳叢中的生活，也希望有自己獨立的人格，希望從花柳叢中掙脫出來，樂婉在詞中表達的就是這種願望。

全詞語言淺顯，感情熾烈，從中也反映出封建社會的婦女對幸福愛情生活的熱烈追求。

和陸游〈釵頭鳳〉

南宋・唐　琬

世情薄，人情惡①，雨送黃昏花易落②。曉風乾，淚痕殘。欲箋心事③，獨語斜欄④。難，難，難。　　人成各，今非昨，病魂常似秋千索⑤。角聲寒⑥，夜闌珊⑦。怕人尋問，咽淚妝歡⑧。瞞，瞞，瞞。

作者

唐琬，南宋 紹興人，愛國詩人陸游的元配，陸游舅父唐閎的女兒。南宋 高宗 紹興十四年（西元1144年），當陸游二十歲時，唐琬與他結婚。唐琬不但美麗多情，而且也能詩賦詞。夫妻情投意合，時相唱和，雙方都希望能白頭偕老。不料，陸游的母親一來因唐琬婚後幾年，未能生子，二來惟恐兒子留戀閨房而惰於學業，便對自己的這位內姪女和媳婦極為不滿，強迫陸游與她離婚。陸游不敢違母命，又不忍與唐琬分離，便表面寫了一份休書，暗中卻在外面租了一間房子，兩人常去幽會。不久被陸母發現，陸母要陸游非與唐琬斷離不可。唐琬只好忍痛回到娘家。過了兩年，陸游另娶了王氏女，唐琬也改嫁給同郡人宗室趙士程。

紹興二十四年（1154）春，陸游出遊於紹興城東禹跡寺南的沈園中，恰好碰見唐琬夫婦。雖離別多年，但情實難分，唐琬徵得丈夫的同意，派人給陸游送去一份酒餚，並親自斟酒，殷勤款待。陸游領會她的深情，悵然良久後，提筆在沈園壁上題了一首悲痛欲絕的〈釵頭鳳〉。唐琬見詞後更覺悲傷，就用原韻和了一首。唐琬經過此次與陸游邂逅，沒過多久，便「怏怏而卒」。而陸游直到七十五歲時，還來沈園憑弔遺蹤，可見他們感情之深。後人有以唐琬和陸游的婚變故事為題材，寫成各種戲曲。

說明

此詞為唐琬和陸游〈釵頭鳳〉而作，充滿悲涼哀傷的情調，令人不忍卒讀。

「難」與「瞞」各有三層意義。三個難字包含：①**做人難**，②**做女人更難**，③**做被休後再嫁的女人尤其難上加難**。三個「瞞」字亦包含：①**第一個要瞞的是趙士程**，②**第二個要瞞的是婆家的人**，③**第三個要瞞的是娘家的人**。語重心長，為怨難勝。婦女心胸狹窄，凡事多訴諸感性，故寫來較陸詞激動、消沈，有「生有何歡，死又何懼」之意。又全詞灰色字甚多，亦可覘知作者已萌生慢性自殺的念頭。

按陸游原作見本篇附錄。

註釋

①薄、惡：「薄」與「厚」相對。「惡」與「好」相對。二句言世間人情淡薄，人心險惡。暗指陸母居心不良，拆散她的美滿婚姻。

②雨、花：這裏都作比喻之詞。「雨」喻惡勢力，「花」喻自己。

③箋：本指寫詩文書信的紙，這裏作動詞用，是「寫」的意思。

④獨語斜欄：即「斜欄獨語」。獨自倚著欄杆，低聲地自言自語。

⑤病魂：痛苦的心靈。常似：經常像。索：孤獨。陸機〈嘆逝賦〉：「親落落而日稀，友靡靡而愈索。」此三句言各自走各自的路，如今已不同過去了。長期以來，我痛苦的心靈，就像庭院裏的秋千一樣孤獨、寂寞。

⑥角聲寒：音樂的聲音令人心寒。「宮、商、角、徵、羽」是古代音樂的五個音階。這裏以「角」泛指音樂。

⑦闌珊：衰落。引伸為「將盡」。

⑧妝：通「裝」。此言咽下淚水，強裝歡樂。

集評

①今・段躍慶《歷代婦女詞百首選注》：這是一首抒寫自己婚姻不幸遭遇的詞。全詞充滿著與自己恩愛丈夫分離後的萬般淒楚與幽怨。有時憑欄獨語，有時深夜不眠，有時暗自飲泣，有時咽淚裝歡。她改嫁後所受到的心靈創傷和多種刺激，無疑要比陸游更加深重。如果說陸游的詞還只能是發出無可奈何的悲嘆，那麼唐琬的詞則是對封建禮教的血淚控訴。感人至深，催人淚下。

②今・黃漢清《女詩人詩選》：唐琬雖然已改了嫁，與趙士程生活了好幾年，但心中仍是難忘被迫分離的前夫。在這首詞裏，她把自己的內心祕密披露無遺，可謂是心靈的歌唱，是對封建禮教的血淚控訴。「世情薄，人情惡」，開篇明義，一針見血地道出產生悲劇的根源。她想到自己本是個多情的女子，卻被驟雨摧殘，悲憤難平，心事萬千，向誰訴說呢？只能憑欄獨語，暗自飲泣，從心底發出無限的哀嘆：「難！難！難！」眼前的現實已是男娶女嫁，各在一方，但自己卻仍是愛戀前夫，而此情又不能表露，只好在人前「咽淚妝歡」，竭力「瞞！瞞！瞞！」這是何等難言的痛苦啊！整首詞寫得淒楚憂傷，令人一掬同情之淚。

附錄

①釵頭鳳 南宋·陸游

紅酥手，黃縢酒，滿城春色宮牆柳。東風惡，歡情薄。一懷愁緒，幾年離索。錯，錯，錯。　春如舊，人空瘦，淚痕紅浥鮫綃透。桃花落，閒池閣。山盟雖在，錦書難託。莫，莫，莫。

按張宗橚《詞林紀事》引毛晉語：「放翁詠〈釵頭鳳〉一事，孝義兼摯，更有一種啼笑不敢之情於筆墨之外，令人不能讀竟。」

②禹跡寺南有沈氏小園，四十年前，嘗題小闋壁間，偶復一到，而園已易主，刻小闋于石，讀之悵然。 南宋·陸游

楓葉初丹槲葉黃，河陽愁鬢怯新霜。
林亭感舊空回首，泉路憑誰說斷腸。
壞壁醉題塵漠漠，斷雲幽夢事茫茫。
年來妄念消除盡，回向蒲龕一炷香。

③沈園二首 南宋·陸游

城上斜陽畫角哀，沈園無復舊池臺。
傷心橋下春波綠，曾是驚鴻照影來。

其二

夢斷香銷四十年，沈園柳老不飛綿。

此身行作稽山土，猶弔遺蹤一泫然。

④城　南（一作〈重遊沈園〉）　南宋‧陸　游

重來小陌又逢春，只見梅花不見人。
玉骨久成泉下土，墨痕猶鎖壁間塵。

⑤十二月十二日夜夢遊沈氏園亭　南宋‧陸　游

路近城南已怕行，沈家園裏更傷情。
香穿客袖梅花在，綠蘸寺橋春水生。

⑥春　遊　南宋‧陸　游

沈家園裏花如錦，半是當年識放翁。
也信美人終作土，不堪幽夢太匆匆。

⑦白雨齋詞話　清‧陳廷焯

陸務觀〈風流子〉云：「佳人多命薄，初心慕，德曜嫁梁鴻。記綠窗睡起，靜吟閒詠。句翻離合，格變玲瓏。更乘興，素紈留戲墨，纖玉撫孤桐。蟾滴夜寒，水浮微凍。鳳牋春麗，花研輕紅。　人生誰能料，堪悲處，身落柳陌花叢。翻羨畫堂鸚鵡，深閉金籠。向寶鏡鸞釵，臨妝常晚，繡茵牙版，催舞還慵。腸斷市橋月笛，燈院霜鐘。」蓋放翁傷其妻作也。詞不必高，而情極哀怨。選本皆不登此篇，惟《陽春白雪集》載之。

生　查　子

南宋·陸游妾

只知眉上愁①，不識愁來路。窗外有芭蕉，陣陣黃昏雨②。曉起理殘妝，整頓教愁去。不合畫春山③，依舊留愁住④。

作者

陸游妾，南宋 蜀人，姓氏及生卒年均不詳。據清·徐釚《詞苑叢談》載：陸游到蜀地，途中宿一驛中，見牆上有題壁詩云：「玉階蟋蟀鬧清夜，金井梧桐辭故枝。一枕清涼眠不得，呼燈起作感秋詩。」陸游問作者是誰，得知是驛卒女，於是納為妾。過了半年，夫人逐之，因賦〈生查子〉詞一首而別。

詩人陸游，前有唐琬，後有此妾，兩事如出一轍，可悲可嘆。此事又見於《隨隱漫錄》、《柳亭詩話》、《本事詞》、《詞林紀事》、《陽春白雪》、《全宋詞》。

說明

這是一首向陸游告別的詞作。

上片描寫一般人只知道自己發愁，但是卻不知道為什麼發愁，自己的愁就像一陣陣黃昏雨打在芭蕉上一樣。開頭兩句連用兩個「愁」字，描寫詞人緊蹙雙眉的愁態，表現出詞人的滿腹愁情。接著兩句用黃昏雨打芭蕉的環境渲染，進一步烘托出詞人無法解脫的無限憂愁。

下片寫自己清早起牀整妝離去，因為自己身為侍妾，自難見容於夫人，所以只好依舊把憂愁留給自己，告別陸游而去。開頭兩句寫詞人的動態，她希望透過整理殘妝，擺脫愁情，實際上內心卻蘊藏著不可擺脫的愁緒，因而結尾又說不該畫眉，就讓愁情凝聚在眉端，原因是她那美如春山的眉毛已無人欣賞了。

全詞一個「愁」字貫穿首尾，語調哀婉，如泣如訴，含蓄表達了對夫壻的依戀之情，也反映了封建社會侍妾的地位是如此的卑微不堪。

註釋

①眉上愁：緊縐眉頭作發愁的樣子。全句謂只知緊縐眉頭而愁悶。

②窗外二句：黃昏時節，雨打芭蕉，發出一種淒涼聲

音，更增添一段愁苦。又芭蕉葉片層層包卷，故常用以形容愁心不展。

③春山：春天的山容，其色如黛，常指婦女的眉毛，古人常用「眉掃春山」來形容美人的眉毛。

④依舊句：意謂經過刻意打扮，也無法排遣掉離情愁緒。

集評

①今·袁世忠《閨閣詞苑》：這首詞通篇在寫「愁眉」二字。愁的原因何在？作者雖說「不知愁來路」，那當然是指被逐之事。這說明封建時代一個作人之妾的女子，社會地位是何等悲慘啊！

②今·黃漢清《女詩人詩選》：這是一首怨情詞，抒發為人之妾被逐之苦。上片寫一夜之愁。愁上眉梢，但不知什麼原因招來愁緒。意即我這個善良的驛卒女來到陸家之後，沒有什麼過失，卻招來棄逐，怨恨之情由此而生。三、四句寫景襯托愁情。從黃昏時起，陣陣驟雨，直至天明。「芭蕉」已「難展一片心」，還遭整夜雨打，暗喻己之受摧折。下片寫晨起梳妝時之愁。本想強打精神，整理殘妝，不致老是愁上眉梢，但一想到自己的不幸處境，便覺得畫蛾眉也成為多餘的事情了。「教愁去」只不過是主觀意願罷了，「愁住」卻是客觀存在，實在

也難以排遣，還是讓它留在心底吧。全詞「愁」字縈繞筆底，拍拍合到「愁」上，詞意緊湊，扣人心絃。

③今·班友書《中國女性詩歌粹編》：以上一詩一詞，均載《詞苑叢談》（卷七）。據云放翁見詩，「詢之，則驛卒女也，遂納為妾。方半載餘，夫人逐之，妾賦一詞云。」顯然放翁是愛才，惜大婦不容，受害者仍是女方。看來放翁也很不幸，愛妻愛妾，先後均被逐，他個人的幸福，也真是「莫，莫，莫。」此事當發生於放翁中年在川陝為官的時候。驛卒女這首小詞，把個愁字寫活了。先說愁能走動，不知是從哪兒來的，接著是黃昏陣陣芭蕉雨，原來這就是愁的來路。吳文英詞：「何處合成愁，離人心上秋，縱芭蕉不雨也颼颼」，詞境頗相似。下片把愁的住處與春山（雙眉）聯繫在一起，這就叫「愁到眉峰碧聚」，變抽象為具體，真能奪婉約之三昧。

卜　算　子

南宋·嚴　蕊

不是愛風塵①，似被前緣誤②。花落花開自有時③，總賴東君主④。　去也終須去⑤，住也如何住⑥。若得山花插滿頭，莫問奴歸處。

作者

嚴蕊，字幼芳，南宋 天台（今浙江縣名）的營妓。周密《癸辛雜識》稱她「善琴弈、歌舞、絲竹、書畫，色藝冠一時。間作詩詞，有新語。頗通古今，四方聞名，千里來訪。」（按亦見余集《絕妙好詞續鈔》）道學家朱熹曾以有關風化的罪名，把她關在牢裏，加以鞭打，她堅不屈服。朱熹調職後，岳霖（岳飛之子）繼任，把她釋放。今傳詞只有〈如夢令〉、〈鵲橋仙〉、〈卜算子〉、〈憶仙姿〉四首。

說明

作者用詞代替申訴書，所以這是一首生面別開，文情並茂的申訴詞。

通篇兩句一個意思。「不是愛風塵，似被前緣誤」，為自己辯解，淪入風塵是因父犯重罪而家屬被打入妓院，非己之意願。開頭把古來風塵女子作一個總結論，認為所有風塵女子都是命中注定，亦即所謂宿命論。「花落花開自有時，總賴東君主」，說明自己不能主宰自己的命運，完全仰賴於神明。這是利用比喻法，用自然現象來比喻自己的命運。「去也終須去，住也如何住」，說明若冤情洗刷了，就可離開監牢；若無法洗刷，那未來就前途茫茫了。這兩句是對仗，婉轉的寫出對自己「去」「住」這兩個問題的迷惘。「若得山花插滿頭，莫問奴歸處」，是說自己一旦出獄，並離開妓院，重獲自由，將做一個頭插山花的農婦，至於以後的命運，那就完全由上天來安排了。

全詞情意真切委婉，語言明快犀利，態度不亢不卑。從「不是愛」、「終須去」、「如何住」、「莫問」等堅定語氣之運用，可以看出作者倔強好勝的性格。

註釋

①風塵：古時稱妓女為風塵中人。

②前緣：前世因緣。

③花落花開：自喻不論身陷囹圄，還是擺脫災難。

④東君：本為司春之神，此借指主管營妓的官吏。

主：名詞變用動詞，是「作主」釋放的意思。

⑤去：指離去牢獄之災。終須，最終應該。

⑥住：指被關在監獄。如何，含質問之意。

集評

①清・葉申薌《本事詞》：天台營妓嚴蕊，字幼芳，色藝冠時，琴弈書畫，靡不精妙。間作小詞，亦復新穎可喜。

②今・袁世忠《閨閣詞苑》：據《癸辛雜識》，嚴蕊為台州太守唐與正所賞識，後朱熹任浙東提舉，羅織罪狀，說唐與嚴蕊有私情，捕嚴入獄，重刑處罰，委頓幾死，終不妄言誣唐。後朱熹他調，由岳霖繼任。見嚴病重，令她作詞自陳。這首詞反映了官場的傾軋和官妓遭遇的悲慘。

③今・李　星、朱　南《唐宋詞譯析》：此可謂一首飽含血淚的詞篇。「不是愛風塵，似被前緣誤。」這開頭即為自己進行嚴正的抗辯：不是我自身喜歡這種風塵生涯，而大概是前世因緣有錯誤。這兩句既表現了詞人的自信，又表現她的委屈和憤怒。「花落花開自有時，總賴東君主。」這兩句既表明我的一切行為自己不能負責，因為個人無法掌握自己的命運。「花落花開」是自喻，言自己不論身陷囹圄，還是擺脫災難，都是全憑自己的實際，相信自己是無辜的。同時含有請求新任長官

為自己作主之意。下片，前兩句表明詞人對於往昔生活的哀怨與厭棄；後兩句則寫出對自由生活的憧憬與嚮往。岳霖看了這首詞也深為感動，所以當即判嚴蕊從良。

全詞寫得輕靈、自然，既有對不幸生活的抗爭，又有對美好未來的希冀。充分抒發了一個弱女子被侮辱被損害而呼出的心聲，恰到好處地表現了一個年輕女子的個性與才情。

附錄

詞苑叢談　清・徐　釚

天台營妓嚴蕊，有才名。唐與正為守，嘗命賦紅白桃花。蕊作〈憶仙姿〉一闋云：「道是梨花不是。道是杏花不是。白白與紅紅，別是東風情味。曾記，曾記，人在武陵微醉。」與正賞之雙縑。後朱晦庵以節使行部至台，欲摭與正之罪，指其嘗與蕊濫。蕊雖備極箠楚，而一語不及唐。獄吏好言誘之，蕊曰：「身為賤妓，縱與太守濫，亦不至死罪；然是非真偽，豈可妄言以污士大夫也。」繫獄兩月，聲價愈騰，至徹阜陵（宋人稱孝宗之語）之聽。未幾，朱公改除，而岳霖為憲，憐其無辜，猝命作詞。

祝英台近①

南宋・戴復古妻

惜多才②，憐薄命，無計可留汝。揉碎花箋，忍寫斷腸句③。道旁楊柳依依，千絲萬縷，抵不住、一分愁緒④。　　如何訴，便教緣盡今生⑤，此身已輕許。捉月盟言⑥，不是夢中語。後回君若重來，不相忘處，把杯酒、澆奴墳土。

作者

戴復古妻，南宋人。據徐釚《詞苑叢談》記載：宋代詞人戴復古，字石屏，在未揚名前，曾經遊江西 武寧，當地有位富翁見他有才華，便把女兒（即本詞作者）許配於他。三年後，戴復古欲歸鄉，詰之，才說家中已有妻子。女父大怒，女乃婉轉緩解，悉以奩具贈行。復古去後，女痛苦不堪，便寫此詞，旋即投江自盡。

說明

這是一首絕命詞，作者與丈夫分手後所作。

「惜多才，憐薄命，無計可留汝」，表達了妻子對丈夫真摯的愛情。「揉碎花箋，忍寫斷腸句」，可見妻子的哀傷已達到極點。「道旁楊柳依依，千絲萬縷，抵不住、一分愁緒」，一方面表示依依惜別之情，另一方面由楊柳引伸出去，把心中的愁緒之多，以形象化處理，使抽象的愁化成具體之物，此殆濬源於李後主的「問君能有幾多愁，恰似一江春水向東流。」「如何訴，便教緣斷今生，此身已輕許」，作者有怨父的想法，但也流露出女子從一而終的堅貞愛情。「捉月盟言，不是夢中語」，強調自己對誓言信守不渝。「後回君若重來，不相忘處，把杯酒、澆奴墳土」，這幾句明白如話，表明赴死的決心。

整首詞感情豐沛，詞語淒婉，哀而不怨，忍而不傷，使讀者看到一位胸襟寬厚，賦性堅貞，品德高尚的女性。

註釋

①〈祝英台近〉：此詞的調名各本不同，《詞林紀事》、《宋詞紀事》都作〈憐薄命〉，《填詞圖譜》作〈揉碎花箋〉。惟坊間一般選本多作〈祝英台近〉，此曲創於宋代。按梁山伯、祝英台皆為情

死，作者用此詞牌，顯然有其用意。據《本事詞》謂復古去後，女即投水死，同是殉情，但卻是對愛情騙子的抗議，也是對舊禮教的控訴。

②惜多才：惜，愛憐。多才，戴復古因為有才華才和武寧女子結合，故妻子稱他「多才」。

③揉碎花箋二句：你要離開我回去了，本打算寫一點什麼贈別，但不忍心把令人斷腸的字句寫下來，所以把精美的花箋揉碎。

④道旁楊柳依依三句：路旁的楊柳枝條那麼柔軟，在迎風擺動，千絲萬縷，也抵不住我這一份憂傷和愁緒。

⑤便教緣盡今生：就讓今生的夫妻緣分結束吧。

⑥捉月盟言：男女熱戀時指著月亮發誓，以示永好。此言當年在月光之下夫妻共訂的盟誓。

集評

①今·龔學文《閨秀詞三百首》：這是一首與丈夫的訣別詞。上片寫女主人公對丈夫無計挽留，只好填詞與丈夫依依不捨地訣別。「揉碎花箋」，一個「碎」字既寫花箋之碎，也寫心中之碎，可見她與丈夫訣別時是多麼痛苦。接著又用千萬條柳絲來與自己的滿腹愁緒相對比，形象地烘托出自己的一片癡情。下片寫女主人公希望丈

夫日後如果有機會再來，不要忘記在自己的墳墓上灑酒祭奠。「指月盟言」，可見她說話是非常慎重的，既不是戲言，也不是假話。「把杯酒、澆奴墳土」，分明是說自己要以死殉情，但是戴復古卻無動於衷，仍然拋棄了她，終於釀成了她跳水而死的悲劇。全詞語句懇切，情調淒婉，令人不忍卒讀。

②今・段躍慶《歷代婦女詞百首選注》：這是一首絕命詞。純用白描，詞語明白如話，使感情更真切。上片寫惜別的愁緒，下片寫他倆從前空有盟誓，丈夫往日的甜言蜜語猶尚在耳，可是目前殘酷的現實是她即將被休棄，只好以死來表示與丈夫訣別了。全詞反映了封建時代男尊女卑，男子可以為所欲為，而婦女必須從一而終的不合理制度所造成的悲劇。詞所表現出的格調雖不太高，在嘆息自己薄命的同時，處處流露出對欺騙了她的丈夫的留戀。但這短暫而又虛假的愛情對一個弱女子的沈重打擊，卻能引起人們對她的深深同情。發自肺腑，傾訴真情實感的筆墨，具有扣人心絃的感染力量。

③今・李　星、朱　南《唐宋詞三百首譯析》：這首《祝英台近》是戴復古妻在與丈夫分手時所寫的詞篇。詞的感情真摯，辭語淒惋，哀而不怨，使讀者看到了封建社會裏一位寬厚、堅貞、品德高尚的女性。她的命運是值得同情的，她的愛情悲劇是封建制度所造成的。父親因

為愛才，把女兒輕許，戴復古在娶妻之時不說明已結過婚，過了二、三年，為了要回老家時才說出實情，這怎能不使妻子傷心呢？不過妻子還是深深愛著丈夫的。詞的上片充分表達了妻子對丈夫的真摯愛情，即是丈夫將要離己而去，還不忍心寫令人斷腸的字句。實際上，詞人此時傷心程度已達到頂點：「楊柳依依，千絲萬縷」，也「抵不住」妻子的「一分愁緒」。這片直訴衷腸，表示要殉情盡節，一字一淚地向丈夫提出的惟一要求是：「後回君若重來，不相忘處，把杯酒、澆奴墳上。」一位善良、堅貞的婦女形象躍然紙上，令人肅然起敬，景仰不已。

附錄

木蘭花慢　南宋・戴復古

鶯啼啼不盡，任燕語，語難通。這一點閒愁，十年不斷，惱亂春風。重來故人不見，但依然、楊柳小樓東。記得同題粉壁，而今壁破無蹤。　蘭皋新漲綠溶溶，流恨落花紅。念著破春衫，當時送別，燈下裁縫。相思謾然自苦，算雲煙、過眼總成空。落日楚天無際，憑闌目送飛鴻。

按戴復古字式之，自號石屏，天台黃岩（在今浙江省）人，他在仕途上失意，過了一輩子清苦生活，漫遊了大半個南中國，當時以詩負盛名，詞作不多，風格接近其師陸游。有《石屏詩集》、《石屏詞》。楊慎《詞品》曰：「嗚呼，石屏可謂不仁不義之甚矣，既誑良人女為妻，三年興盡而棄之，又受其奩具，而甘視其死。俗有謔詞云：孫飛虎好色，柳盜跖貪財，殆兼之矣。」

減字木蘭花

南宋．淮上女

淮山隱隱①，千里雲峰千里恨②。淮水悠悠，萬頃煙波萬頃愁③。　　山長水遠，遮斷行人東望眼④。恨舊愁新，有淚無言對晚春⑤。

作者

淮上女，南宋 寧宗 嘉定年間（1208～1224）人，姓名無可考。

說明

這是一首因遭逢劫難之自傷詞。

金人屢次進犯南宋，人民受到殺戮掠奪，淮上女就是千千萬萬不幸犧牲者中的一個。此詞的上片寫故鄉的山水，作者被擄北上，依戀著眼前的一切，而漸行漸遠，充滿了離別的愁緒。下片抒發對故鄉的情感，千山萬水遮住了行人的眼睛，而旅途是如此的漫長，面對暮春的晚景，無限的舊恨新愁一起湧上心頭。全詞語言明白如話，各用了兩個「萬」與

「千」字，使視覺效果無限擴大，字裏行間充滿了對故鄉的眷戀，情景融合無間，是一首用血淚凝成的瑋篇。

按上片四句為「隔句對」，有如四六文之「馬蹄韻」句型，只是平仄不同而已，然亦可以具見其才思。下片亦然。

又本篇富有民謠之特色，寫山寫水，說愁說恨，迴環往復，一唱三歎，足以動人心絃，感人肺腑。與蔣興祖女之〈減字木蘭花〉為姊妹篇，惜此二人之芳名均已亡佚，無從查考。

註釋

①隱隱：模糊不清。

②千里雲峰千里恨：淮山千里綿延逶迤，雲遮霧障，在作者眼中，好像都充滿無盡的愁恨。

③萬頃愁：形容愁恨的無限深廣。

④遮斷行人東望眼：行人被敵寇驅趕向西，但她思念故鄉，不斷回望，逐漸被山水遮斷了視線。

⑤恨舊愁新兩句：舊恨新愁一齊湧上心頭，滿腔悲苦無處訴說，只是默默地對著暮春景物傷心流淚。

集評

①金・元好問《續夷堅志》：興定（金宣宗年號）末，四都尉南征，軍士掠淮上良家女北歸，有題〈木蘭花〉詞逆旅

間云云。

②今·段躍慶《歷代婦女詞百首選注》：這首小詞訴說的是一個被金人暴力脅迫的無力抗爭的弱女子的遭遇與悲苦。在訣別故鄉之際，這個有一定文化素養的女子寫下了這首小詞，表達了她對故鄉、親人的無限眷戀和對敵人的深刻仇恨，以無限悲憤的情感譜寫了一曲苦難人民的悲歌。全詞悽惻動人，能引起人們對女主人公的無限同情。其形式又富有民歌的特色。

③今·袁世忠《閨閣詞苑》：在西元1220年左右，金國北面受到蒙古軍隊的進攻，被迫遷都開封，卻仍連年攻宋，奪取南宋領土作為補償。在金軍進犯與退卻之中，人民備遭殺戮、破壞與掠奪。淮上女就是不幸的犧牲者之一。詞中寫淮上女與故鄉的山和水永別之際，心中充滿了愁恨。旅途漫長，淚眼模糊已望不到故鄉，面對暮春晚景，多少新仇舊恨，一起湧上了心頭。

④今·李　星、朱　南《唐宋詞三百首譯析》：這是一首用血和淚凝成的喪亂詞篇。西元1220年前後，金人幾度進度淮、泗一帶，大肆殺戮擄掠。淮上女是深受其害者，也是被擄掠的無數婦女中的一個。她在訣別故鄉的途中寫下這首詞，抒發她對故鄉、親人的無限眷戀和對敵人的深仇大恨。

上片，寫故鄉的山水。作者與故鄉永別，她眷戀地目送著故鄉的山山水水。淮山隱隱，淮水悠悠；千里山峰，雲遮霧障；萬頃煙波，愁緒繚繞。山山水水都充滿了仇恨。下片，進一層抒發對故鄉的眷戀之情和滿懷愁苦。旅途漫長，千山萬水，逐漸遮住了她回首東望的視線。她舊恨新愁一齊湧上心頭，滿腔悲苦無處訴說，只能面對著暮春景物傷心流淚。

全詞哭訴的是一個被金人暴力脅迫而無力抗爭的弱女子的遭遇與悲苦，悽惻動人，喚起人們對女主人公的無限同情。

滿　江　紅

南宋・王清惠

太液芙蓉①，渾不似、舊時顏色。曾記得、春風雨露②，玉樓金闕③。名播蘭馨妃后裏④，暈潮蓮臉君王側⑤。忽一聲、鼙鼓揭天來⑥，繁華歇。　　龍虎散，風雲滅⑦。千古恨，憑誰說。對山河百二⑧，淚盈襟血。驛館夜驚塵土夢⑨，宮車曉碾關山月。問嫦娥，於我肯從容，同圓缺⑩。

作者

王清惠，生卒年不詳。南宋度宗時被選入宮為昭儀（宮中女官名）。宋亡，被金人俘往燕京（即今北京），後出家為道姑，法號沖華。能詩工詞，與汪元量等時相唱和。

說明

此詞自敘南宋淪亡後，被擄北上的經過。為題驛壁詞。全詞分為五部分，分別描述國家發生重大災難、宮廷生活的往事，自己有才華而又倍受尊重，迨國家淪亡，有恨不知向誰傾訴。並希望皇家人被押到北京後不會受到元朝的羞辱，庶幾安度餘生。其中多用比喻格，如「太液」指宮殿，「春風雨露」指皇恩，「暈潮蓮臉」指年輕貌美，「鼙鼓」指軍隊，「龍虎」、「風雲」指君臣，「山河百二」指錦繡河山，「同圓缺」指共同生活。都用得十分恰當，也十分含蓄，確是一篇血淚交織，真情流露的錚錚之作。

註釋

①太液：漢 唐時長安宮苑中之池名。此借指南宋京城臨安之後宮。

②春風雨露：喻皇恩浩蕩。

③玉樓金闕：泛指宮廷。

④名播蘭馨妃后裏：聲名在後宮裏像蘭草一樣的芬芳。

⑤暈潮蓮臉：美麗的臉龐上露出光彩（表示得寵）。暈潮，含羞的模樣，一作「暈生」。

⑥鼙鼓揭天來：敵人的戰鼓驚天動地而來（指元兵南侵）。

⑦龍虎散兩句：寫南宋王朝崩潰。龍虎，指南宋君臣。風雲，形容政治上的威勢。《易經：乾卦》：「雲從龍，風從虎，聖人作而萬物睹。」

⑧山河百二：《史記．高祖本紀》：「秦，形勝之國，帶河山之險，縣隔千里，持戟百萬，秦得百二焉。」這裏借指宋朝的江山。

⑨驛館夜驚塵土夢兩句：寫北行途中旅況的淒涼。宮車，指后妃等北行時坐的車子。

⑩問嫦娥三句：表示要追隨嫦娥到月宮裏去，不願意留在人間（也就是表示不願意向異族低頭）。按此三句《輟耕錄》作「願嫦娥，相顧肯從容，隨圓缺。」肯從容，容許我追隨。從容，同慫恿，有誘導的意思。

集評

①清．況周頤《蕙風詞話》：寧昭容 王清惠北行，題壁〈滿江紅〉云：「願嫦娥、相顧肯從容，隨圓缺。」文丞相讀至此句，嘆曰：「惜哉，夫人於此少商量矣。」趙文敏〈木蘭花慢．和李篔房韻〉云：「但願朱顏長在，任它花落花開。」言為心聲，是亦「隨圓缺」之說矣。《麓堂詩話》載其〈溪上詩〉句：「錦纜牙檣非昨夢，鳳笙龍管是誰家。」則何感愴乃爾。所謂非無萌蘖之生焉。

②今．袁世忠《閨閣詞苑》：這是作者被俘北行時，題於驛壁上的詞。上闋寫作者對南宋宮廷生活的留戀，下闋

寫她對宋亡的惋惜和悲痛，以及她被俘北行時的驚恐和淒涼心情。據《永樂大典》記載，王清惠寫了這首詞，深受人民的贊賞，中原廣為傳誦。

③今・段躍慶《歷代婦女詞百首選注》：作者此詞是在宋亡之後，自己成為俘虜，與皇帝一起從臨安（杭州）押往大都（北京）途中所寫。風雲驟變，山河改色，作者在北上途中回憶宮中生活，思潮起伏，感慨萬千。詞中表現了一天天往北而去，江南日趨遙遠，自己不禁對故國河山產生了無限眷戀之情。只恨元兵壓境，南宋諸郡望風敗降，亡國君臣如鳥散獸離，榮華富貴頓時灰飛煙滅。想到自己日後的際遇，心裏便忐忑不安，夜不能寐，只能把未來的希望寄託於上天，對著月中嫦娥祈禱，但願自己能避免恥辱，擺脫厄運，而與嫦娥同存。詞的結尾流露出悲愁哀怨情緒，實屬無可奈何。全詞在一定程度上反映了戰亂給人民帶來的苦難。

附錄

滿 江 紅 代王昭儀作　南宋・文天祥

試問琵琶，胡沙外怎生風色。最苦是姚黃一朵、移根仙闕。王母歡闌瑤宴罷，仙人淚滿金盤側。聽行宮，半夜雨淋鈴，聲聲歇。　　彩雲散，香塵滅。銅駝恨，那堪說。想男兒慷慨，嚼穿齦血。回首昭陽辭落日，傷心銅雀迎秋月。算妾身，不願似天家，金甌缺。

按文氏不滿王清惠那首「問姮娥，於我肯從容，同圓缺」的詞，代她重作這首。又有和王清惠一首，末四句：「世態便如翻覆雨，妾身元是分明月。笑樂昌一段好風流，菱花缺。」都表示形勢無論怎樣改變，自己的節操決不可改變。文氏忠烈，於斯概見。

滿庭芳

南宋・徐君寶妻

漢上繁華①，江南人物②，尚遺宣政風流③。綠窗朱户，十里爛銀鉤④。一旦刀兵齊舉⑤，旌旗擁、百萬貔貅⑥。長驅入，歌樓舞榭，風捲落花愁。　　清平三百載⑦，典章文物，掃地都休。幸此身未北，猶客南州⑧。破鑑徐郎何在⑨。空惆悵、相見無由。從今後，夢魂千里，夜夜岳陽樓⑩。

作者

徐君寶妻，南宋末年岳州（今湖南岳陽縣）人。陶宗儀《輟耕錄》載：南宋淪亡時（1279），被元軍擄至杭州。其主將數欲犯之，而終以計脫。後被迫投池自盡，臨死前題〈滿庭芳〉詞於壁上，表明自己的心跡。

說明

這是一首絕命詞。

南宋道學家培養的民族氣節、婦女貞烈，全在這首詞中表現出來。《泰晤士世界歷史地圖集》：「在宋代，中國文化是世界上最光輝的。」指的就是忠臣烈女在宋代是最具代表性。

上片內容豐富，行文簡潔，有概括力，反映南宋時期的繁榮及被元軍迅速滅亡的慘景。大筆如椽，頗有男子氣概。下片則是具體描繪國破家亡，丈夫死去，自己被擄至杭州的情形。最後說明烈女不嫁二夫，不願被元將所玷污，故決定自殺。

全詞哀痛中表現出英烈之氣，令人欽敬。

註釋

①漢上：南宋時漢水至長江一線是文化、軍事、商業、經濟的重要地區。這裏是泛指長江以北地方，與下句「江南」相對。

②江南人物：指南宋的人物。

③尚遺宣 政風流：還保留著宋徽宗時期的流風餘韻。宣和、政和都是宋徽宗的年號，那時金兵還沒有南侵，保持著表面繁華。

④十里爛銀鉤：等於說十里珠簾。爛銀鉤，燦爛的銀製簾鉤，借指市面的繁榮。

⑤刀兵齊舉：指元兵南侵。

⑥貔貅：猛獸名，比喻勇猛的軍隊。此指元兵

⑦三百載：宋朝建國三百二十年（960～1279），此舉其成數。

⑧南州：南方。

⑨破鑑徐郎：徐德言與樂昌公主破鏡重圓事，詳見本書〈餞別自解〉。

⑩夢魂千里兩句：表示不忘故鄉岳陽縣。夢魂，孤魂。岳陽樓，在湖南 岳陽縣 洞庭湖畔。岳陽縣是作者的故鄉。

集評

①今．黃漢清《女詩人詩選》：這是一位被擄的不屈女子的絕命詞。這位秉性剛烈的女子以生命來保住了自己的貞潔，並以滿腔的熱血譜寫了一曲可歌可泣的愛國詞章，令人肅然起敬。

詞的上片，先記敘南宋統治者偏安南方，保持其表面繁華的景象。次寫元軍南侵，南宋政權完全喪失抵抗能力，昔日一片虛假的繁榮景象頓然消失，猶如「風卷落花」，多麼令人悲傷。最後著一「愁」字，並發出作者對南宋統治者偏安一隅，不思國家安危，只顧醉生夢死地生活的憤懣之情。

下片先嘆息國土淪喪。最令作者傷心的是「典章文

物，掃地都休」；次寫自己當時的處境：「此身未北，猶客南州。」作者引以自慰的是還未離開故國的土地，愛國的情懷蘊含其中。最後是決定以身殉志，寧死也不屈節事敵。死後仍「夢魂千里，夜夜岳陽樓」。眷戀故鄉之情，令人讀之肝腸欲斷。

這首詞是以其深刻的社會內容及強烈的藝術感染力為後世所矚目。

②今・段躍慶《歷代婦女詞百首選注》：這是一首絕命詞。感情深沈，筆調淒婉，讀來驚鬼神，泣天地。「綠窗朱戶，十里爛銀鉤」，銀光閃爍的簾鉤，朱紅的門戶和碧綠的紗窗，呈現一派虛假的歌舞升平景象。那些偏安一隅的江南人物，全然不顧外患深重，國家危亡在即，依然過著宋徽宗 政和、宣和年間那種醉生夢死的糜爛生活，以致「一旦刀兵齊舉」，便落得個「歌台舞榭，風卷落花愁」。最令人傷心的是，三百年來的「典章文物，掃地都休」，歷史悠久的文化，人民辛勤的勞動都付之一炬。唯一可以自慰的是，「此身未北，猶客南州」。作者抱定宗旨，寧可「破鏡難圓」，「斷魂千里」，也不肯屈節事敵。

全詞慷慨悲壯，把國恨家仇融為一體，非一般離恨別愁的婦女詞可比。作者用自己滿腔熱血譜寫了一曲可歌可泣的愛國詞章。

③今·李　星、朱　南《唐宋詞三百首譯析》：宋度宗咸淳十年（1274），元軍大舉南侵，數年間即滅亡了南宋。徐君寶妻與丈夫離散，被元軍擄掠，不屈而死。這首詞通過作者的親身遭遇，反映了南宋亡國前後浸透血淚的悲慘歷史。詞表達了一個普通婦女在敵人面前寧死不屈的精神及其對故國、家鄉和親人的無限懷念之情。

開頭五句，回顧南宋亡國前的一段繁華景象，其中既流露了詞人對往昔的無限留戀，也暗寓著對南宋當權者誤國行為的不滿。接著五句，敍述元軍入侵，人民橫遭蹂躪。痛悼家國淪亡，表達了廣大人民對國亡家破的深悲劇痛。

過片，開頭三句寫掠奪戰爭造成的巨大破壞：宋三百多年所積聚的歷史文化、典章制度，頃刻間化成了灰燼。接二句寫自己的不幸遭遇，詞人用「幸」、「猶」二字含蓄地透露出當時還有無數比她更為不幸的人。詞人覺得值得自慰的是，雖然身陷魔爪，尚未被擄掠北去，離開故國故土，還得算是不幸之中的萬幸。最後五句，作為絕命詞是在投池自盡前，抒寫自己對丈夫的深情懷念：破鏡重圓無望，夫妻再也不能相見。但今後每天晚上我的孤魂都要從千里之外，返回故鄉，到岳陽樓上與你相會，表示自己死後也永遠不忘記故鄉和親人。

詞從國家民族的不幸寫到個人的悲慘遭遇，感情深沈悲涼，筆調淒楚哀婉，讀之令人心碎。

太 常 引

餞齊參議回山東①

元・劉燕歌

故人別我出陽關②，無計鎖雕鞍③。今古別離難，兀誰畫、蛾眉遠山④。　一樽別酒，一聲杜宇⑤，寂寞又春殘。明月小樓間，第一夜、相思淚彈。

作者

劉燕歌，元時樂妓，生平不詳。據《青泥蓮花記》載：「妙善歌舞，齊參議還山東時，為賦〈太常引〉詞一首餞別，傳唱一時云。」

說明

這是一首餞別的小令。

上片寫別離之難。無計留君住，只得送君去，臨別依依，眷戀之情，洋溢紙上。下片設想別後的刻骨相思。小樓明月，寂寞春殘，夜彈相思淚。全詞宛轉柔媚，情韻無限，文辭纖麗，語言自然，故能傳唱一時，喧騰眾口。

註釋

①齊參議：即齊榮顯。榮顯字仁卿，元 山東 聊城人，曾任東平路總管府參議，中統元年（西元1260年）辭歸侍親。見《元史》本傳。

②陽關：王維〈送元二使安西詩〉：「勸君更進一杯酒，西出陽關無故人」。陽關在今甘肅 敦煌縣。一般代指旅途所經之地。

③雕鞍：以彩繪為飾的馬鞍。這裏是馬的代稱。

④兀誰畫蛾眉遠山：兀誰，猶言「誰」。兀，助詞。蛾眉遠山，指婦女的眉毛。《西京雜記》：「文君姣好，眉色如望遠山。」又漢代 張敞常為妻子畫眉毛，騰播京師長安，後世遂稱夫妻感情深篤為畫眉之樂。

⑤杜宇：即杜鵑鳥。周朝末年蜀國的一個君主名叫杜宇，相傳他死後魂魄化為鳥，名杜鵑，鳴聲淒哀。

集評

①清．張思岩《詞林紀事》引《青泥蓮花記》：劉燕歌善歌舞，齊參議還山東，劉賦〈太常引〉以餞，至今膾炙人口。

②今．龔學文《閨秀詞三百首》：這是一首送別詞。上片

寫女主人公無計留住遠去的心上人，表達出難捨難分的心情。所謂「無計鎖離鞍」，就是沒有辦法留住心上人，不讓他騎馬而去。「兀誰畫蛾眉遠山」，表明她和心上人平常在一起情投意合，經常讓心上人替她打扮，現在心上人走了，再也沒有人替她畫眉了，由此看出她是多麼難捨難分啊。下片寫心上人走後，女主人公在第一夜感到非常寂寞孤獨，不禁流下了相思的淚水。那杜鵑鳥的叫聲烘托出一種淒涼感傷的氣氛，心上人走後，她第一次嘗到相思的滋味，那肯定是難受的，「淚彈」二字正寫出她相思的苦衷。全詞語言直率，感情真摯，讀後激動人心。

③今．袁世忠《閨閣詞苑》：這首詞純用口語，轉覺婉轉動人。最後兩句句法特別，意思是說，第一難遣的是月夜之相思耳。

④今．黃漢清《女詩人詩選》：這是一首寫離情的詞。上片寫不忍分手的心情。「無計鎖離鞍」句，不寫留人，而寫留物，還苦之無計，這種寫法，使詞的感情更為深沈。下片寫餞別時的淒涼。以酒餞別是一般詩詞的寫法，但襯以杜鵑的淒鳴，又值花落春殘時節，更顯得寂寞傷心。最後設想人去之後，自己在月光下的小樓裏，處境孤單，相思灑淚，甚是淒清冷落。整個詞意質樸大膽，毫不掩飾地披露心聲，文字清麗自在，大有嚼味。

怨四首

明·馮小青

稽首慈雲大士前①，莫生西土莫生天②。
願爲一滴楊枝水③，灑作人間並蒂蓮④。

其　二

春衫血淚點輕紗，吹入林逋處士家⑤。
嶺上梅花三百樹，一時應變杜鵑花。

其　三

新妝竟與圖畫爭⑥，知在昭陽第幾名⑦。
瘦影自臨春水照，卿須憐我我憐卿⑧。

其　四

冷雨幽窗不可聽，挑燈閒看牡丹亭⑨。
人間亦有癡於我，豈獨傷心是小青。

作者

馮小青，明末揚州才女，原名玄玄，字小青。十六歲嫁杭州 馮千秋為妾，諱同姓，僅以字稱。工詩詞，解音律，以不容於大婦，徙居西湖之孤山別業。戚屬楊夫人憫其情而悲其遇，屢諷其別嫁，不從，悽怨成疾，命畫師圖像自奠而卒，年僅十八歲，葬於孤山，迄今香冢猶在。其戚集其詩詞，刊為《焚餘草》。

施閏章《愚山詩話》云：「小青詩盛傳於世，或謂實無其人，蓋析情字為小青耳。予至武林，詢之陸麗京圻，曰：『此馮具區之子雲將妾也，所謂某夫人者，錢塘進士楊廷槐元蔭妻也。』楊與馮親舊，夫人雅諳文史，故相憐愛，頻借書與讀，嘗欲為作計，令脫身他歸，小青不可。夫人從官北去，小青遺書為訣，書中云云，皆實錄也。小青以命薄甘死，寧作霜中蘭，不作風中絮，豈徒以才色重哉。客問小青固能詩，恐不免文人潤色。陸笑曰：「西湖上正少此捉刀人。」

說明

〈怨〉為組詩，共九首，此選四首。

第一首是要求觀世音菩薩保祐自己婚姻美滿。第二首則是在失意哀傷之餘，想和林逋一樣當隱士。第三首自信美貌絕不輸給后妃。第四首則自嘆情癡不如杜麗娘，有慢性自殺的想法，可看出作者有意步入杜麗娘的後塵。

這四首詩盡是哀傷自己的才清似水，命薄如花，情深意婉，哀怨動人，清人譽為明代首席女詩人，信然。

註釋

①稽首句：稽首，下跪。慈雲大士，即觀世音菩薩。

②西土句：西土，西方極樂世界。生天，佛家語，謂生於天界或眾生可生之天處，即六道中之天道也。

③楊枝水：乃楊枝淨水，佛家謂能使萬物重新獲得生命的甘露。按印度習俗，凡邀請賓朋，先贈楊枝及香水等，祝其健康，以表懇切之意。故修法時，請佛菩薩，亦用楊枝淨水。

④並蒂蓮：比喻美滿的婚姻。蓮花有一蒂而二花者，謂之並蒂蓮，亦曰並頭蓮，以喻恩愛夫妻。

⑤林逋處士：宋初錢塘人，字君復，隱於杭州 西湖孤山，終身不娶，種梅養鶴以自娛，時稱「梅妻鶴子」，卒謚和靖先生。見《宋史・隱逸傳》。作者在此是說要用她的血淚，灑上林逋種的梅花，使梅花都變成紅色的杜鵑花。說明自己悲傷已極。

⑥圖畫：借喻為宮中美女。

⑦昭陽：漢時宮殿名，成帝時趙飛燕居之，後世謂昭陽為皇后所住之宮。此泛指後宮。以上二句言自己美如圖畫，如果選入皇宮，還不知是昭陽第幾位呢。可現在卻作了人家的小星，大婦奇妒，遂與丈夫不能見面。

⑧卿須憐我我憐卿：卿，指自己在水中的倒影。全句有「人」「影」相憐相惜之意。

⑨《牡丹亭》：明 湯顯祖所著之雜劇，敘述杜麗娘與柳夢梅的愛情故事。

集評

①今・班友書《中國女性詩歌粹編》：上錄馮小青絕句，均見於《虞初新志・小青傳》。這幾首詩，反映了一位才女，因做了地位卑賤的妾，為大婦不容，以致鬱鬱而死的悲慘故事，死時才十八歲。真是「人美如玉，命薄如雲」。她的才情，在明代所有名媛閨秀中，都未必能超過她。看來賈平章之劍，固然能殺人，女平章亦足以致人死命，同樣毀滅了人間最美好的形象。難怪張山來曰：「恨不粉妒婦之骨以飼狗也。」

②今・李海潮《中國歷代才女詩歌鑒賞辭典》：這首〈怨題〉，是小青嫁與馮千秋，受正室夫人的忌妒而獨居孤山別墅時的作品。小青的婚姻是很不幸的，儘管她貌美又有才氣，但卻得不到丈夫的愛撫，享受不到愛情生活的幸福，就如一朵美麗的花開放在無人問津的荒野一樣，她內心充滿了憂怨、寂寞。這組〈怨題〉寫在一個深秋夜晚，雨滴滴答答地下著，一股冷氣從窗外陣陣撲來。這位少婦孤獨地坐著，無所事事，深深陷於寂寞的痛苦

之中。她在黑暗中聽著那單調的雨聲，心中更漾起了幾分難以名狀的難堪。這樣的夜晚怎麼挨過？雨，聽不下去了，就借看書消磨時光，排遣痛苦吧！於是，順手取了一本《牡丹亭》。《牡丹亭》中杜麗娘這個人物很快便對她產生了吸引力，引起了她很深的感觸。杜麗娘是一個正值豆蔻年華的少女，雖然渴望美好幸福的生活，但以父母為代表的封建禮教卻給她的生活織了一張密不透風的網。她連接觸一個青年男子的機會都沒有。環境的寂寞，精神的空虛，使杜麗娘深感苦悶。在她偷遊後花園後，青春意識完全覺醒，對男女幸福之情的追求更加熱切，更不滿自己的處境。但是找不到出路，痛苦更深。她為自己才貌的被埋沒而時時悲嘆。她說：「我生於宦族，長在名門，年已及笄，不得佳配，虛度青春，光陰如過隙，可惜妾身顏如花，豈料命如一葉乎？」無奈之中，她只得把理想託之於夢中的一個書生，和書生柳夢梅相會，並為之纏綿枕席，終於埋骨幽泉。杜麗娘這個人物的遭際，與詩人完全不同，但在封建禮教閨範戕害下而遭受難忍的痛苦這一點上，其實質又完全一樣。

「人間亦有癡於我，豈獨傷心是小青。」從字面上看，好像只是說人間還有和她一樣癡情於青春幸福而傷心痛苦的人，不是單單她一個，似乎從杜麗娘那裏，她感到自己不那麼寂寞孤獨。在封建社會裏，婦女都被罩在一個大鐵籠子裏，享受不到個性發展的自由。杜麗娘如此，馮小青如此，與馮小青、杜麗娘深陷痛苦之中的女人多著呢！詩人看到了這點，她要借《牡丹亭》杜麗娘的故事對社會抒發長期鬱積的憤懣，要為許多痛苦的女子呼喊一聲。這就是「傷心豈獨是小青」這個反問句的真正意義。

這組〈怨題〉句句含情。「冷雨幽窗」中有作者的感覺，「閒看」中有詩人失意的神態，後兩句中有作者的疑惑和詰問，在詰問中又含有怨氣。似乎是純粹的抒情，但是細細品味，這裏面自始至終，還暗含著一個形象。特別是最後，我們似乎可以看到小青這個少婦把《牡丹亭》推開，憤慨凝視的樣子。這個形象很有意義，給人們留下了深深的思索餘地。

附錄

小青焚餘序　清．陸繁弨

鄭家淑媛。說詩義於泥中。王氏名姬。度歌聲於扇底。揆其始終。殊無悱怨。蓋康成擅經神之譽。中書信江左之英。並託跡於龍鸞。故忘情於枳棘。至於汝南女子。不嫁安東。邯鄲才人。翻歸廝養。締非其偶。良足悲也。

西陵富人妾小青者。揚州人也。雲迷曉樹。長憐瓜步之春。夜落寒濤。坐賞維揚之月。少長名區。夙標慧性。鳳音細囀。能繞梁塵。鸞袖輕翻。寧誇趙步。笙授仙人之指。瑟傳帝女之聲。加以體似驚鴻。身輕飛燕。妝成點額。蝶欲尋花。剪就垂髾。蟬來飲露。明珠十斛。未能買其回頭。南楚百城。何足償其一盼。於是釵綠金屑。復抽卻月之梁。裙號雲英。尤愛留仙之幅。攜來陌生。誰不踟躕。若在壚頭。難辭調笑。

方謂楚臣儒雅。爰擬登牆。交甫風流。徐圖解珮。弛薄怒於章華。通微波於曹植。而玉壺承淚之期。香寢破瓜之候。竟以失意周媒。委身吳客。笑東都之豪士。空有瓊廚。嘆西晉之高流。虛傳金谷。而且青疏臺上。性喜操刀。永年里中。情難屈膝。曾無委髮之憐。徒解鋤蘭之舉。維此麗姝。遷於別館。長堤楊柳。飄零京兆之眉。秋水芙蓉。憔悴文君之面。雖復葡萄良醞。詎肯消愁。合歡新花。無由蠲忿。唯屬意於宏辭。更馳心於高唱。春華卒落。名製連章。秋露將零。清歌幾曲。梅林鶴嶼。弔處士之消亡。油壁青驄。傷美人之遲暮。載在香奩。亦云麗矣。至其激清調於花牋。奏繁聲於素紙。言情則望帝懷鄉。寫怨則鮫人迸淚。班姬失色。奪紈扇之新篇。房老驚心。掩蛾眉之哀響。是知淒清徐淑。可置廡間。綺密蘭英。臥之牀下。

詩存如干首。附〈與某夫人書〉一篇。許妻拜表。陳壽之史不收。鮑女庸才。大雷之書未報。我思古人。自多遺憾。所恨滄溟未運。蘭玉早彫。明君入宮之歲。便赴泉門。

廬江作婦之年。已歸幽壤。而相逢鍾子。又昧知音。愁對周郎。何能識曲。遂令遺文圖畫。悉為主婦所燒。人亡桂殿。快心玉階之辭。魂去蘭臺。移妒長門之賦。

茲用錄其餘策。幸免秦坑。緝其殘編。纔離魯壁。瓊花數本。無非閬苑之枝。玉樹一林。都是蓬洲之種。豈必延津劍合。方吐氣於豐城。合浦珍還。乃增輝於珠澤。命曰《焚餘》。聊以紀信云爾。

寄楊夫人①

明・馮小青

百結迴腸寫淚痕，重來惟有舊朱門②。
夕陽一片桃花影③，知是亭亭倩女魂④。

說明

這是一首以詩代書，等同「絕筆書」的作品。

「淚痕」為詩眼，亦為整首詩的總綱，引出下面的內容——設想自己死後的情況。「重來惟有舊朱門」，是有物無人，抒寫人亡物在，淒涼冷清的哀情；「夕陽一片桃花影」則是存影無人，花影綽約，光彩耀目。「知是亭亭倩女魂」則是剩魂無人，借倩女離魂來比喻，表示作者重視婚姻愛情。可見二到四句皆用假設法，設想自己死後的情景。

註釋

①楊夫人：據施閏章《蠖齋詩話》云為錢塘進士楊元蔭之妻，與小青有舊親。《虞初新志・小青傳》說楊夫人「嘗就姬學弈，絕愛憐之」，並勸小青願意

幫她脫離火坑，但小青不允。後夫人隨夫北去。小青於臨終前，致書夫人，並絕命詩一首。

②重來：指楊夫人回來時。朱門，紅漆門，這裏非指豪門，乃指小青住的孤山別業。全句言楊夫人如再重來，已是物是人非，只見別業不見人了。

③桃花影：用唐・崔護人面桃花故事，詳見本篇〈集評〉。

④亭亭倩女魂：亭亭，孤俊高潔的樣子。倩女魂，指張倩娘與表兄王宙相戀的故事。唐 張鎰有女名倩娘，端妍絕倫。鎰官衡州，有甥王宙，聰悟美容，鎰嘗云以女妻之；及長，宙與倩娘常感想於寤寐，家人不知。後鎰忽以女別字，女頗抑鬱，宙亦恚恨，乃託詞赴京，舟行泊江郭，夜半感想不寐，倩娘忽至舟，乃俱遁蜀。居五年，生兩子，始同歸寧，宙先詣鎰自謝，鎰大驚，以倩娘病在閨中，數年未起。倩娘後至，室中病女出迎，翕然合為一體。陳玄祐作《離魂記》，載《太平廣記》，鄭光祖有《倩女離魂》雜劇。世謂少女因情而死者曰倩女離魂，本此。以上二句言己處境愁苦，將不久於人世，楊夫人重來時將見不到自己了。其所見夕陽中的桃花，是自己死後靈魂所化。

集評

①明·鍾　惺《名媛詩歸》：情思幽結，恍忽空際，猶有餘嬈。情至處使人低回感痛，不能去懷。

②今·李海潮《中國歷代才女詩歌鑒賞辭典》：這是一首訣別詩，選自《名媛詩歸》。題目中的「夫人」，即錢塘進士楊淇園夫人，是馮小青的姻親。楊夫人對小青受正室妒忌而別居的不幸遭遇深為同情，在思想上，給予小青許多慰藉。因此，小青非常感激，把她視為知己。後來楊夫人隨夫北去，小青依戀難捨，於是就寫下了這首〈寄楊夫人〉的詩篇。

「百結回腸寫淚痕，重來惟有舊朱門。」寫自己對訣別的憂傷、痛苦和原因。「百結回腸」、「淚痕」是痛苦的情狀，「重來惟有舊朱門」是痛苦的原因。「朱門」即紅漆大門，舊時為豪富人家所有，這裏代指小青住的孤山別業。楊夫人隨夫北去，以後再來這裏，只有留下的一座空宅，就再也見不到知心的人了。所以想到這些，就怎麼也忍不住痛苦而流出了眼淚。依依難捨的情態，表現了她對楊夫人的深愛和二人感情的親密。楊夫人隨夫北去，從夫人這方面說，是一件美事。與之訣別，只是一味地痛苦，不合當時的氣氛，還必須表現一些喜悅。這些特定環境下的複雜感情，為了準確使這種感情在詩中表達出來，詩人巧妙地在「百結回腸」與「淚痕」之間置一「寫」字，「寫」是繪畫的意思，它使流淚的臉呈現出了一些笑意。猶言您的離去，我儘管非常痛苦，但還是為您高興。

「夕陽一片桃花影，知是亭亭倩女魂。」是詩人繼「重來惟有舊朱門」之後的設想。這裏用了兩個典故：一是「桃花影」，一是「倩女魂」。「桃花影」用唐朝 崔護事：崔護舉進士落第，清明節獨遊長安 城南莊，遇一村女，女倚院中桃樹立，艷姿媚態，綽約動人。崔護以言挑之，女卻不對。二人以目傳情甚久。崔辭去後一年，又值清明，忽然思之，情不可抑，便徑尋舊地。舊地門院如故，然門已鎖，人無處覓。於是崔護在門之左扉題詩曰：「去年今日此門中，人面桃花相映紅。人面不知何處去，桃花依舊笑東風。」「倩女魂」用唐代傳奇《離魂記》事。張倩娘與表兄王宙自幼青梅竹馬，長成後二人都暗暗互相思念。不久，倩娘被父許與別人，王宙也被迫離去。倩娘對王宙一片真情，就魂魄離軀，追趕王宙，終於成為夫婦。這個故事到了元末，又被編為戲劇，名為《倩女離魂》，流傳很廣。「桃花影」是「人面不知何處去，桃花依舊笑東風」的濃縮，不僅含有楊夫人離去的意思，還含著對離去者無限想念和高度贊美之情；「倩女魂」是精誠專一、情操高潔、姿容妙美女子的代稱。「亭亭」二字，是「倩女魂」的修飾語，使其更有風度。「桃花影」和

「倩女魂」這兩個典故，本來是各有其義，分別存在，但在詩人筆下，卻被「知是」二字緊緊串在了一起。兩句詩的意思是：你對我真誠相待，切切愛憐，給我留下了美好的印象，我對你永遠惦記著。你也不會忘記我，雖然你要遠去了，但魂魄還會像倩女那樣回來，永遠在我身旁。

整首詩雖然只有四句，但卻能把離別之情、贊美之意和諧地融於一體，讀起來，既淒楚哀怨，又柔情婉轉，美麗動人，在感受上給人顯現了很高的格調。所以清代王士祿的《宮閨氏籍藝文考略》曾引《玉鏡陽秋》的話，說它「俊艷之極」。另外，這首詩在用詞上也極考究；一如「朱門」、「夕陽」、「桃花」極具明麗色彩；二如「桃花影」、「倩女魂」極富情味的典故。沒有一處不精到得體。情與景，典故與現實，不僅和諧統一，而且還透著慧心女郎的靈氣。在訣別詩裏，這是不多見的。

③今．魯文忠《閨秀詩三百首》：小青的婚姻本來就沒有愛情可言，可就是這樣的生活也不允許她過下去，使她過早走上了死亡之路。這在封建社會是很有典型意義的悲劇。寫這首詩，她引杜麗娘為知音，為同類，在「冷雨幽窗」「挑燈閒看」的孤清環境中，用癡情、傷心表達了她精神的苦悶和對愛情的嚮往。

生　查　子

春日晚妝

明．商景蘭

無意整雲鈿①，鏡裏雙鴛去②。百舌最無知③，慣作深閨語。　　梁燕恰雙飛，春色歸何處。妝罷拂羅裳，一陣梨花雨④。

作者

商景蘭，字媚生，明 會稽人，吏部尚書周祚女，南明巡撫祁彪佳妻。明亡後，其夫投水殉國而死，乃賦〈悼亡詩〉以頌揚之，以為「堅持臣節，勇於鬥爭」，時論多之。詩詞意境優美，含蓄多情。有《錦囊集》。朱彝尊《靜志居詩話》載：「公（祁彪佳）美風采，夫人商亦有令儀，閨門唱隨，鄉黨有金童玉女之目。伉儷相重，未嘗有妾媵也。公懷沙（投水自殺）日，夫人年僅四十有二。」

說明

這首詞寫詞人在春夜梳妝時的情景和感受。

上片寫沒有心思梳妝打扮，因為在鏡中看不到她和丈夫成雙成對的身影，那「雙鸞」象徵夫妻兩人美好的形象，現在卻已經飛去了，因此那嘈雜的百舌鳥叫聲，只能使她增添煩惱。

下片又用雙飛的梁燕對比自己的孤單寂寞，她感嘆春色難留，草草梳妝完畢，又聽到吹打梨花的陣陣雨聲，那雨點也敲擊著思念丈夫的煩亂心情，使她久久不能平靜。情深景真，可說是情景交融的完美之作。

註釋

①鈿：金花，多指婦女首飾。

②鸞：鳳凰之類的神鳥。

③百舌：鳥名，以其鳴聲反覆如百鳥之音，故名。立春後鳴囀不已，夏至後即寂靜無聲。

④梨花雨：梨花盛開時節的雨。

附錄

悼　　亡　明·商景蘭

公自垂千古，吾猶戀一生。君臣原大節，兒女亦人情。
折檻生前事，遺碑死後名。存亡雖異路，貞白本相成。

春　光　好

明．商景蘭

山色秀，水紋清，落花輕。沙上鴛鴦泛綠汀①，棹歸聲②。　　小鳥如啼如話，春光乍雨乍晴。一派霞光催日暮，月東升。

說明

這是一首描寫詞人乘船遊春歸來的詞。

上片先描述山清水秀落花輕的暮春景象，然後寫詞人乘船歸來，驚起沙岸上的鴛鴦。下片先描述鳥啼聲像人說話一樣，天氣一會兒下雨，一會兒放晴，然後詞人歸來時已是夕陽西下、明月東升的時候。

全詞寫遊春的一個片段，語調輕快，逸興遄飛，可能是作者年輕時的作品，饒有少女青春的氣息。

註釋

①汀：水邊平地。

②棹：船槳，此作動詞，謂划船。亦指船。

集評

①今·劉振婭《中國歷代才女詩歌鑒賞辭典》：本篇選自《錦囊集》。這是一首寫美好春光的詞。《春光好》原為唐教坊曲名，傳說因唐玄宗賞春晴而取名，後用為詞牌名。一般詞牌與詞的內容不一定吻合，但這首詞裏，詞牌和內容一致。

上闋寫在春的美好時光裏，泛舟春遊的人們歸來。開頭三個三字句向讀者展開了一幅嫵媚動人的「江南春景圖」。秀麗的青山，環繞著瀰瀰春水，和煦的春風吹拂著水面泛起潾潾波紋，爛漫的山花輕輕地將花瓣兒飄落。落筆便將人們帶進詩情畫意的境界。接下二句，隨著畫卷的展開，我們的目光又落到水邊那一片明淨的沙洲，在那兒一對對羽毛鮮艷的鴛鴦自由自在地戲遊在汀瀅的綠水之中，這時，水面上傳來了划槳聲、歡笑聲，原來是春遊的人們歸來了。

下闋承上闋詞意，寫日色將晚，霞光回照，月華東升的春日景象。過闋二句，一句寫鳥，一句寫春光。春日將晚，遊人歸來，鳥兒也一群群回巢，吱吱喳喳，鳴叫不停，鶯鶯流囀，燕燕呢喃，親親愛愛，熱鬧非凡，似乎在訴說春日的美好；那天色也在落日的餘暉中變幻著，一會兒晶光耀目，一會兒似要下雨，就在這霞光萬轉之中，夕陽西下，暮色降臨，月兒又升上東山，灑下她的清輝。那山、那水、那沙洲、那花鳥、那迷戀著春光的人們，都籠罩在這柔美恬謐、意境朦朧的月色之中。「一派霞光催日暮，月東升」，寫的是暮色將臨的情景，卻毫無失落情緒，一反許多文人感嘆春日苦短、韶華易逝、青春難再的老調，一個「催」字突出了萬物爭春，欣欣向榮的自然生機。

這首詞寫江南春光之美旖旎可愛，提煉內容很集中，寫得很有層次。按時間順序從白天到日落月升，但省去白天春遊的描寫，集中寫棹歸後情景。上闋寫景由遠而近，以靜為主，靜中有動，突出山水之美，這是大背景；下闋寫歸鳥的熱鬧，霞光的變幻，日落月升，都在這大背景下展開，多用近景、特寫，著意寫動態，春意盎然。詞人用清新自然的語言，白描的手法，通過形象的勾勒，聲色光澤的渲染，把秀麗多姿的江南春光寫得生動和諧、詞味雋永，表現了她熱愛自然、熱愛生活的情懷，展示出閨秀詞的健康開朗的風采。

燭影搖紅

春感

明・商景蘭

春入華堂，玉階草色重重暗。寒波一片映欄杆，望處如銀漢①。風動花枝深淺，忽思量時光如箭。歌聲撩亂，環佩丁當②，繁華未斷。　　遊賞池臺，滄浪頃刻風雲換。中宵笳角惱人腸③，泣向庭幃遠。何處堪留顧盼，更可憐子規啼遍④。一枝殘蠟，滿壁圖書，幾聲長歎。

說明

這首詞描寫詞人在春天的感受。

上片寫在一片春色中感嘆時光如箭一樣流逝，因而不禁產生惜春之情。下片寫在半夜裏聽到笳角和子規的聲音，感到非常淒切，因而不覺發出幾聲長嘆，嘆的是丈夫離家在外不得相見，以及自己的青春年華像春天一樣容易消逝而不再來。全詞充滿傷春的幽怨之情，信筆寫來，感人至深，《淮南子》云：「春女思，秋士悲，而知物化矣。」實在很有道理。

註釋

①銀漢：銀河，天河。

②環佩：佩玉，多指婦女所佩戴的裝飾品。

③笳角：笳，是古代的一種管樂器，漢時流行於西域一帶少數民族間。角，本是古代的一種樂器，出於西北地區遊牧民族，後多用作軍號。

④子規：鳥名，即杜鵑，叫聲淒厲。

調　笑　令

送人南歸

明・陳圓圓

堤柳，堤柳，不繫東行馬首①。空餘千里秋霜，凝淚思君斷腸。　　腸斷，腸斷，又聽催歸聲喚②。

作者

陳圓圓（1623～1695），原名源，字畹芳，明末蘇州人。初為姑蘇名妓，後歸吳三桂。晚年自請出家為道姑，終老於雲南 三墨庵。有《畹芬集》、《舞餘詞》。

說明

陳圓圓淪落風塵後，曾與號稱「明末四大公子」之一的冒襄（字辟疆）有過一段戀情，兩人每日詩酒流連，淺斟低吟，甚為相得。無奈冒襄將南行接母，陳圓圓只得依依相送，填了這首詞。詞中描寫送別心上人南歸，在堤岸上折柳與心上人話別，但是那柔長的柳絮卻拴不住馬頭，心上人終於離去。她看著千里秋霜，不禁聲淚俱下，陷入極度悲傷之中。「腸斷」與「斷腸」顛倒使用，「腸斷」兩字疊用，使我們似乎聽到了美人淚流滿面的呼喚，加強了作品的藝術感染力。

註釋

①不繫東行馬首：拴不住東行的馬頭。繫，拴。

②催歸：杜鵑鳥之別名，其叫聲有如「不如歸去」，故名。又杜鵑鳥之別名甚多，在詩詞中常見者有杜宇、子鵑、謝豹、子規等。

集評

①今・史玉德《名媛雅歌》：陳圓圓有《畹芬集》傳世，大多詞意淒切。觀其一生，色、藝、才、識俱出人之上，雖有益於身，苟全性命於亂世，卻無功於國家社稷，令人徒嘆亂世佳人而已。

她的〈轉應曲〉，也許是她在姨母家就學得的一支曲子。其詞和至少在唐時即流行的時調「楊柳，楊柳，日暮白沙渡口。船頭江水迷茫，商人少婦斷腸。腸斷，腸斷，鷓鴣夜飛失伴。」內容、字面十分相類，至少是受它的啟發而創作的。

〈轉應曲〉又名〈調笑令〉。「轉應」之名，是因詞末疊句，是上句末二句倒轉相應而成。單調，三十二字，八句，四仄韻，兩平韻，兩疊句。《欽定詞譜》說《樂苑》記〈轉應曲〉屬「商調」。有才如圓圓者，對吳三桂唱過此曲否？「不繫東行馬首」，「凝淚思君斷腸」，「又聽催歸聲喚」，倒真個能彷彿現出飛騎傳送她至三桂身邊時的情景與她在秋霜凜冽、身處險機中急切想投靠一安全的避風港的心境呢。

②今．班友書《中國女性詩歌粹編》：陳圓圓是明末名妓，名列「秦淮八豔」之末，但她的色藝，她和國家的興衰，一個朝代的消亡，其影響都遠非其他七人可比。陸次雲〈陳圓圓傳〉說她「聲甲天下之聲，色甲天下之色。」正因為她，吳三桂才「魂迷色陣，氣盡雄風」；正因為她，吳三桂才「衝冠一怒為紅顏」，引清軍入關，導至明王朝的速亡；正因為她，吳三桂後來的反清，聽說也「多出於同夢之謀」。這後者是否出自陸次雲的猜測，不得而知。但她確是位了不起的妓女。吳梅村為她寫了篇〈圓圓曲〉，震撼了當時文壇和史學界，和〈長恨歌〉相比，算得是我國詩歌史上兩顆閃爍的明星。她的小詞也十分雋雅可喜，最近方自《蕙風詞話》中覓得，這才填補了南曲諸詩妓佳作選的空白。

踏莎行

寄　書

明·柳如是

花痕月片，愁頭恨尾，臨書已是無多淚①。寫成忽被巧風吹②，巧風吹碎人兒意。

半窗燈燄，還如夢裏，消魂照個人來矣③。開時須索十分思④，緣他小夢難尋你⑤。

作者

柳如是（1618～1664），明末清初吳江人，本名是，又名隱，字如是，一名楊愛，或說楊朝，號河東君。能畫，工詩詞，初與詩人錢謙益感情相投，其後竟為其侍妾。謙益死後不久，柳氏在族人逼迫下自縊身亡。著有《戊寅草》、《湖上草》、《柳如是尺牘》等。

說明

這是一首思念心上人的詞。

柳如是有一位密友汪汝謙，是個深通金石音律，多才多藝的文士，對柳氏情有獨鍾，多方照應。《柳如是尺牘》收三十一篇小劄，都是寄予汪汝謙的，這首詞可說是《尺牘》中的「代跋」。

上片描述詞人寫信給密友的情景，她和著淚水寫成了書信，寫好後風卻把信吹落地下，就像風吹碎了她深厚的心意一樣。下片則寫對好友深致懷念，她積思成夢，夢中恍惚看到了汪汝謙向她走來。全詞把寫信給心上人的情景描繪得栩栩如生，字裏行間凝聚著真摯的情意，誠足以動人心絃，感人肺腑。

註釋

①臨書句：臨書，臨寫。全句謂臨到寫信時已經沒有好多眼淚了，指眼淚已經流得很多了。

②巧風：碰巧的風。

③消魂句：消魂，損傷精神。照：照常，照例。個人：那個人，多指情人。全句謂因心中極度悲傷而恍忽之中看到情郎向自己走過來。

④開時：開始之時。索：要。

⑤緣他：因為我。他：在此代指自己。

集評

①今·班友書《中國女性詩歌粹編》：柳如是是晚明名妓

中最有才氣，著述最豐的女詩人。她不僅工詩詞，而且精於書法，連錢牧齋也不如，翁同龢譽之為「奇氣滿紙」。儘管她出身微賤，但她性機警，饒膽略，論人格、氣節，皆遠非錢牧齋可比。陳寅恪譽之為「女俠名姝」，與人書信行文，均以「弟」自稱。和她交往的社會名流，有歙縣 汪汝謙、婁東 張溥、松江 陳子龍，但她最後卻選中了虞山 錢謙益。錢為「東林領袖」，與吳偉業、龔芝麓為「江左三大家」，為當時李 杜。據《絳雲樓俊遇》說她男裝至虞，易楊愛為柳是，踵門投刺。錢辭以他往，乃投詩微露色相，錢大驚，訪柳於舟中，方知嫣然美姝。絮語終日，改柳是為如是以證盟。崇禎十四年，結縭禮於芙蓉舫中，有「一樹梨花壓海棠」的佳話。從此稱柳為河東君，家人稱柳夫人。乙酉五月之變，柳勸牧齋「是宜取義，全大節，以副盛名」。錢有難色，柳奪身欲沈池中，持之不得入。後錢偕柳游拂水山莊，見流泉清潔可愛，欲濯足其中。柳戲而笑之曰：「此溝渠水，豈秦淮河耶？」由此可見，她對錢的評價，心中是有數的。後為牧翁死後族下來爭財產事，憤而自經，時年四十六歲。後人徐奎伯有詠〈河東君詩〉：「一死何關青史事，九原羞殺老尚書。」

②今．蘇者聰《中國歷代婦女作品選》：柳是，一名隱，又名因，字如是，又字蘼蕪，號我聞居士，嘉興（治所在

今浙江 嘉興縣）人，常熟 錢謙益（宗伯）之妾。（事見《國朝閨秀詩柳絮集》）《歷代婦女著作考》引《宮閨氏籍藝文考略》曰：「初適雲間孝廉，孝廉教之作詩寫字，婉媚絕倫。棄去游吳 越間，以詞翰名。及歸宗伯，堆書徵僻，訂訛考異，間以諧謔，略似李易安在趙德甫家故事。宗伯撰集《列朝詩》，君為勘定閨秀一冊，所著有《戊寅草》。鄒斯漪刻其詩於《詩媛十名家集》中。」有《柳如是詩》一卷、《我聞室梅花集句》三卷、《湖上草》一卷、《尺牘》一卷、《東山酬唱集》、《紅豆村莊雜錄》二卷、《河東君詩文集》、《我聞室鴛鴦樓詞》、《古今名媛詩詞選》。《宮閨氏籍藝文考略》引《神釋堂脞語》：「河東詩早歲耽奇，多淪荒雜，《戊寅》一編，遺韻綴辭，率不過詰。最佳如〈劍術行〉、〈懊儂詞〉諸篇，不經剪裁，初不易上口也。然每遇警策，輒有雷電砰霍、刀劍撞擊之勢，亦鬚笄之異致矣。後來多傳近體，七言乃至獨絕。」

聞　　雁

清・袁　機

秋深霜氣重，孤雁最先鳴①。響入空閨靜，
心憐永夜清。自從成隻影，同是感離情。
誰許並高節，寒林有女貞②。

作者

袁機（生卒年不詳），字素文，清代 浙江 錢塘（今杭州）人，著名才子袁枚之三妹。幼年許婚如皋 高氏子。高氏子長而有惡疾，其父請解除婚約，素文謂：「女，從一者也。疾，我侍之；死，我守之。」終於嫁高氏子。高氏子性格暴戾，作風輕浮，宿娼賭博，盡耗其嫁資妝奩；不足，則揮鞭打，以火灼，婆母來救，則毆母折齒；後竟欲賣素文以償賭債。素文不得已而歸於母家，長齋素衣，奉養老母。高氏子死，為之痛哭不已，淚盡繼之以血，一年後亦辭世。

素文性聰慧，有才華，工詩詞，然遇人不淑，一生坎坷。著有《素文女子遺稿》。袁枚曾選其妹素文、綺文、秋卿詩，刊成《三妹合稿》，時人比之「孝綽三妹」。

說明

這是一首悼念丈夫的詩。

詩人因無法忍受丈夫的暴虐，而回到娘家，長齋奉母。但當聞悉丈夫的死訊，仍悲淚縱橫，痛不欲生。秋日長空，離群孤雁的淒厲鳴聲，自然會扣動詩人的心絃，而吟出這首傷心的詩篇。

詩人杜甫曾作〈孤雁詩〉：「孤雁不飲啄，飛鳴聲念群。誰憐一片影，相失萬重雲。望盡似猶見，哀多如更聞。野鴨無意緒，鳴噪自紛紛。」非常生動的描寫了一隻失群孤雁飛鳴雲間追尋友伴的動人形象，作者的創作靈感，殆即濬源於此。

整體而言，詩人天資穎秀，靈筆慧心，詠懷詠物，常有過人之處，借景抒情，心裁別出，迥異浮泛，確是一首情景交融的佳篇。

註釋

①孤雁：離群之雁。此喻失偶。

②女貞：即女貞木。春秋時，魯 漆室邑之女過時未適人，倚柱而嘯，其鄰婦謂曰：「何嘯之悲，子欲嫁耶。」女曰：「吾憂魯君老，太子幼，一旦魯國有患，君臣父子皆被其辱，婦人獨安所避乎。吾憂國

傷人，心悲而嘯，豈欲嫁哉。」自傷懷結，而為人所疑，於是褰裳入山林之中，見女貞之廟有女貞木焉，喟然歎息，援琴而歌〈女貞之辭〉，曲終，自經而死。事見劉向《列女傳》及蔡邕〈琴操〉。後言貞女之未嫁而亡，多引此事。又詩詞中亦常用以比喻貞節的女性。

集評

①今．黃漢清《女詩人詩選》：這首詩是作者被棄歸母家後聞雁聲有感而作。她以孤雁自喻，哀嘆自己的不幸，被遺棄後的孤寂與冷清，使她深感「離情」的痛苦。但由於封建禮教的束縛，她表示要保持「高節」，貞潔一生。「寒林有女貞」，在這深秋霜重、寒氣逼人的時節，她想到的是「寒林」中的「女貞」，這就意味著那是她的唯一出路和希望。這首詩可讓讀者看到，即使名門閨秀也擺脫不了封建婚姻制度給她安排的可悲命運。

②今．孟　衡《中國歷代才女詩歌鑒賞辭典》：本詩選自《清詩別裁》。首聯：「秋深霜氣重，孤雁最先鳴。」深秋時節，銀霜遍野，寒氣逼人，正是北雁南飛之際。大雁喜愛群棲群飛，一旦失群失侶，則往往飛起盡力追尋，在空中不斷發出聲聲撕心裂肺的哀鳴。「霜氣重」三字渲染了寒冷的節候，也創造了籠罩全詩的悲涼氣

氛。「孤」字點出雁的失群失侶，因而其鳴聲最響亮，最淒厲，最先傳入詩人的耳鼓。

頷聯：「響入空閨靜，心憐永夜清。」女詩人懷著一顆破碎的心，久居母家，漸漸習慣於獨自一人度過那一個又一個淒清的漫漫長夜。可是今夜這高空的孤雁哀鳴一聲聲穿過窗簾，襲進空閨，攪擾了女詩人心境的寧靜，觸疼了她舊傷未愈的心靈。這一聯緊承上句「孤雁最先鳴」，並啟下聯，寫「聞雁」而心驚。「響」即雁鳴。「空」字表明居於母家，本是獨處無郎。「憐」字表達其由習慣而自然，由自然而憐愛的無比辛酸的心理。

頸聯：「自從成隻影，同是感離情。」孤雁的哀鳴自然引起女詩人失偶的聯想。自從丈夫棄世，女詩人也就如同孤雁一般的在世上形單影隻，同樣感傷生離死別之情了。儘管丈夫是那樣兇橫，但既然結為伉儷，深受封建倫常薰染的女詩人，怎能不因夫死而悲痛欲絕呢。

尾聯：「誰許並高節，寒林有女貞。」女詩人屈從著封建禮教倫常替她安排的命運，準備實踐她自己所說「死，我守之」的話，為夫守節。可悲的是她不僅不敢打破那吞噬她一生幸福的精神枷鎖，反而把這種「從一」的愚行視作「高節」，用已經嚴冬而青翠不凋的女貞樹自比，為自己立一座貞節牌坊。今天看來，這又是多麼可笑和可悲呢。「寒林有女貞」，是詩人的自贊自詡，是一幅自畫像，卻深刻反映了封建社會給婦女們，尤其是給知書識禮的才女們的靈魂注入了多麼濃厚的毒汁。

附錄

追　悼　清·袁　機

死別今方覺，生存已少緣。結褵過十載，聚首只經年。
舊事渾如昨，傷心莫問天。蕭蕭風雨際，腸斷落花煙。

今·曹林芳《歷代婦女詩詞鑒賞辭典·追悼》：

這是一首追悼亡夫的詩。然而一旦了解袁機的可悲的婚嫁遭際的話，那麼，與其說是悼亡，還不如說是這位才女的自悼更為確切。

曾領袖一代詩壇的袁枚對自己的這位三妹的悲劇命運，在〈女弟素文傳〉及〈祭妹文〉中一再作過沈痛的追述。原來，由於上代人的一段淵源，袁機自幼即許配如皋 高氏之子。高氏子某長大後是個「渺小僂而斜視」的醜陋之輩，不僅如此，更糟糕的是其人「躁戾佻險」的禽獸行為。袁機嫁過去後，高某「見書卷怒，妹自此不作詩；見女工又怒，妹自此不持針黹。」進而，「索奩具為狎邪費，不得則手搯足踐，燒灼之毒畢具」，最終竟要將袁機作為賭資抵押給贏家。於是，袁機不得不告急娘家，並與高某絕而返歸家裏侍奉其父母。封建包辦婚姻的罪惡竟也毀掉堪稱名門才女的終身和幸福，尤令人為之哀傷。

正因為此，所以說此詩實乃自悼，而詩的開頭兩句也足可說明這一點。「死別今方覺，生存已少緣。」何謂「死別今方覺」？「覺」的是什麼？悲的又是什麼呢？何以人生如幻夢一場呢？對一個女子，特別是一個才女說來，悲莫大於無緣結佳偶。在福薄命苦的遭際中度過十數年，豈非惡夢一場，一切期待都落了空？袁機在詩的第二句「生存已少緣」五字中已無比沈痛地吐訴了上述心聲。活著的時候已「少緣」，沒有緣分，這不只是說與高家惡少的「少緣」，而且也表述了她自己一生不遇的「少緣」。所以說，這樣的追悼無異於深沈的控訴。

中間二聯是對自己這段婚姻的具體追思，三四句的「十載」與「經年」的對照，是緊承上一句的與高家惡少的「少緣」；而五六句的「舊事」和「傷心」一聯，則是在對往事的追憶——痛苦的夢的回味的同時，更對自己的命運作著悲哀的弔唁。「傷心莫問天」五字在自怨自艾的形態之下，豈不對上蒼也失落了信念。顯然，在淒苦之語中也不那樣溫柔敦厚了。是呵，「問天」又能怎樣？能得到什麼寬慰？能得到失落掉的一切嗎？所以，在結句的淒風苦雨的「蕭蕭」氛圍中，袁機只覺得一陣陣斷腸之痛。面對著花落之景，煙雨迷離，似散似聚，直使人感到她一生如夢如煙，飄飄蕩蕩，魂無所依。事實是，不到一年，作這首自悼詩的袁機就鬱鬱病終了。不，說準確一點，應該說她的心其實早已枯死，而彌留人間的只是一架「傷心莫問天」的軀殼而已。

袁枚說「女流中最少明經義，諳雅故者」，他這位三妹實在是個佼佼者。從這首詩中看似平淡的語言，卻掬出一泓血淚情的功力，對她的詩歌藝術的清婉淒幽的格調，是可嘗鼎一臠的。

有　　懷

遊日本時作

清・秋　瑾

日月無光天地昏，沈沈女界有誰援。
釵環典質浮滄海①，骨肉分離出玉門②。
放足湔除千載毒③，熱心喚起百花魂④。
可憐一幅鮫綃帕⑤，半是血痕半淚痕。

作者

秋瑾（1975～1907），清末女革命家，字璿卿，一字競雄，號鑑湖女俠，浙江 會稽人。少時即工於詩詞，詞中多是獻身革命的誓言，慷慨激昂，格調雄健。光緒三十年（1907）六月徐錫麟起事失敗，清軍包圍浙江 紹興 大通學堂，秋瑾持槍抵抗，被捕後慷慨就義，年僅三十三歲。著有《秋瑾集》。

說明

這是秋瑾初抵日本的抒情詩。大約作於清德宗 光緒三十年（1904）。

詩的開頭兩句，概括地描寫出當時的政治形勢，「日月無光」揭露滿清政府的黑暗統治。詩人面對一泓死水，波瀾不興的婦女身分，心情格外沈重。「釵環典質浮滄海，骨肉分離出玉門」，描述赴日留學，奔走革命，婚姻破裂，拋家棄子的無奈。「放足湔除千載毒，熱心喚起百花魂」，詩人原是纏足的婦女，留日時放了腳，以清除千年流毒，豪強之氣躍然紙上。詩人就因為自己的痛苦經歷，更能了解封建時代婦女的低下地位，了解她們受壓迫而不覺悟的麻木心態，決心拯救，喚醒婦女。「可憐一幅鮫綃帕，半是血痕半淚痕」，兩句對中國婦女悲慘命運作了深刻的描繪。

全詩格調悲壯，字字發自肺腑，情深意切，用曉暢的語言，表達了拯救婦女的熱情和決心，使人感受到情理交融的藝術力量和精神力量。

註釋

①釵環句：是說典質首飾到日本留學。

②玉門：即玉門關，在甘肅 敦煌縣，自古即為進入西域的關口。此處借喻中國。

③千載毒：相傳纏足始於南唐 後主時代之窈娘，至秋瑾已有近千年歷史。參袁枚〈纏足談〉。

④百花：指婦女。

⑤鮫綃帕：婦女用的美麗手帕。

集評

①今・郭延禮《秋瑾選集》：這首詩的題下，作者自注「遊日本時作」。從詩的內容看，可能是抵日後不久的作品，即約作於1904年（光緒三十年）。詩人慨嘆中國死氣沈沈的女界無人援助，毅然離開祖國尋求婦女解放的道路。詩人留日的主要目的，當然是為了反清救國，但其中也有拯救女界的意圖，詩中「熱心喚起百花魂」即是明證。

②今・高淑君《中國歷代才女詩歌鑒賞辭典》：本詩選自《秋瑾詩文選》。庚子事變後，秋瑾隨夫進京，更加看清了清政府腐敗醜惡的面目，她感嘆道：「人身處世，當匡濟艱危，以吐抱負，寧能米鹽瑣屑終其身乎？」為聯絡革命志士，共同拯救祖國危亡，爭取婦女解放，毅然與封建家庭決裂，東渡扶桑。

③今・劉金彩《歷代婦女詩詞鑒賞辭典》：這首詩的題下，作者自注：「遊日本時作」。從詩的內容看，可能是抵日後不久的作品，即約作於光緒三十年（1904）。該詩一方面描述了詩人東渡留學的情景和心情，另一方面突出反映了詩人東渡留學的目的。全詩連貫起來看，可清晰地看出秋瑾在家與國之間，毅然選擇了為國奮鬥、為婦

女解放事業奮鬥的道路。但在選擇這樣一條道路時，詩人是付出了極大的個人犧牲，帶著血與淚的殘痕而前進的。在詩中，詩人坦露無遺地將自己的內心世界展現在世人面前，經濟上的窘迫、骨肉之情的煎割躍然紙上。可以說這首詩是詩人胸中為婦女解放事業，為國家民族大業而奮鬥的滿腔熱血和難割難分的骨肉之情相撞擊的真實寫照。

詩的首聯「日月無光天地昏，沈沈女界有誰援？」寫出了詩人對處在祖國民族危難中的中國女界不是奮起為國鬥爭而是死氣沈沈的慨嘆。頷聯「釵環典質浮滄海，骨肉分離出玉門」，則寫出了詩人東渡留學的艱難和決心。秋瑾東渡留學，有嚴重夫權思想的丈夫王子芳極不贊成，但詩人赴日留學的決心已定，並不因此向封建家庭妥協，於是她典當首飾、衣物，作為留日的學費，「釵環典質浮滄海」便是寫此事。秋瑾赴日時，老母尚在，而她自己的一子一女（子沅德、女燦芝，時燦芝尚在襁褓中。）又必須留在家裏，離開母親和孩子，隻身去日本，故言「骨肉分離」。該詩的頸聯「放足湔除千載毒，熱心喚起百花魂」，與首聯相呼應，點出了秋瑾當時東渡留學日本的思想動力主要是為了爭取婦女解放。秋瑾先天性豪爽，在她還是閨閣小姐時，就對封建禮教深表不滿，加之爾後婚姻的不幸和痛苦，使她逐步認識到婦女所受的種種折磨，完全是吃人的封建家庭制度、宗法思想造成的。所以她認為婦女要解放，首先必須與封建家庭決裂。然而，隨著秋瑾革命民主主義思想的發展，她逐步把爭取婦女解放和民族解放結合起來，把拯救女界和拯救祖國危亡結合起來，留學日本的目的也就更加明確了。光緒三十一年（1905）夏第二次赴日時所作的《泛東海歌》云：「其奈勢力孤，群才不為助。因之泛東海，冀得壯士輔。」在這裏詩人進一步表述了去日本的目的是試圖聯絡革命志士，共同拯救危難的祖國。秋瑾兩次東渡，在日本的時間前後不足兩年，但這對她革命思想的成長卻有著決定性的意義。日本之行，使她的思想從對封建家庭的不滿，發展成為向封建禮教衝鋒陷陣，爭取婦女解放；從感嘆祖國危亡那種籠統的愛國主義發展成為自覺的、積極的反清鬥爭。至此，她已把自己的全部精力和生命，都獻給了爭取民族解放和婦女解放的偉大事業。

附錄

致徐小淑絕命詞　清・秋　瑾

痛同胞之醉夢猶昏，悲祖國之陸沈誰挽。日暮途窮，徒下新亭之淚；殘山剩水，誰招志士之魂。不須三尺孤墳，中國已無乾淨土；好持一杯魯酒，他年共唱拜倫歌。雖死猶生，犧牲盡我責任；即此永別，風潮取彼頭顱。壯志猶虛，雄心未渝，中原回首腸堪斷。

按徐小淑著《秋女烈士史略》稿云：「此為秋瑾殉國前五日（秋瑾殉難日為一九〇七年七月十五日）寄給作者之絕筆，緘內並無別簡。」原稿現藏紹興 秋瑾紀念館。

滿　江　紅

清·秋　瑾

小住京華，早又是、中秋佳節。爲籬下、黃花開遍，秋容如拭①。四面歌殘終破楚②，八年風味徒思浙③。苦將儂強派作蛾眉④，殊未屑。　身不得，男兒列，心卻比，男兒烈。算生平肝膽，因人常熱。俗子胸襟誰識我，英雄末路當磨折⑤。莽紅塵⑥、何處覓知音，青衫溼⑦。

說明

這首詞大概作於赴日本留學前一年，即清 光緒二十九年（1903），通過抒寫個人情懷，表達了熾熱的愛國情感。

「小住京華」指作者隨夫遷至京城不久。「早又是」五句，進一步交代寫作時間和心情，時在中秋佳節之後，因為看到籬下秋菊開遍，頗有些蕭條景象，不覺黯然神傷，滿面愁容。「四面歌殘終破楚」兩句，進一步具體的寫自己「秋容如拭」的原因，這裏引用項羽自刎烏江的典故，比喻當時的國勢日頹，清廷腐敗，祖國陷入一片楚歌中。「四面」兩句深刻的揭示中國形勢的嚴重。「八年」句寫自己的處境與心緒。「八年風味徒思浙」感慨自己婚後八年，雖然思念故鄉，憂國憂民，但是虛度年華而無所作為。「思浙」指故鄉，亦指祖國，詩人憂國憂民而無所作為，豈不是「徒思浙」嗎？這裏表達了積極憂憤的情懷。「苦將儂，強派作蛾眉，殊未屑」，交代自己為什麼「徒思浙」的理由，是老天偏偏將自己強派作女兒身，以至不能為同胞效命。她雖出身封建世家，又嫁與官宦，但是並不甘心過貴夫人的生活。面對國勢阽危，憂心不已，總想「隻手報祖國」，然而封建禮法又決不允許，「強派作蛾眉」一句，側面寫出她想要實現「終把乾坤力挽回」的男兒心願。

下片繼續抒寫自己愛國的情懷。「身不得」兩句，說自己雖是女流不能進入男子行列中，但是「心卻比，男兒烈」，這個「烈」字，指自己愛國之心比男兒還要強烈，時時牽念祖國，不忍見江山易色。「算生平肝膽，因人常熱」，寫自己平生赤膽忠心為國家為民族而憂慮，時常熱血沸騰。「俗子胸襟誰識我」寫作者的愛國之心如火如荼，然而她丈夫卻是極不關心國事的凡夫俗子，對她的愛國思想反而予以責難。作者在這樣的環境中，怎不發出「英雄末路當磨折」的感慨呢。「莽紅塵」三句寫自己在這莽莽無際的人世間找不到知音，於是潸然淚下。「知音」指關心國事，以拯救祖國、民族危亡為己任的人士。這首詞可以說是嚮往革命的自白。

本詞表達了秋瑾「以國家興亡為己任，置個人生死於度外」的崇高精神，強烈的愛國情感躍然紙上，風格豪邁而沈鬱，不加雕飾而感人至深。

註釋

①為籬二句：因有籬下盛開的菊花點綴，秋容顯得更加明淨。黃花，菊花。拭，擦。

②四面句：用「四面楚歌」的典故，但意義稍有變化。此係感嘆外國的侵略、清廷的腐敗，中國前途已很危險。

③八年：詩人1896年（光緒二十二年）在湖南結婚，至寫此詞，恰為八年。徒思浙：空想故鄉浙江。

④儂：我。蛾眉：借稱女子。殊未屑：很不值得，極為鄙視。

⑤算平生四句：同年所寫《致琴文書》云：「於時事而行古道，處冷地而舉熱腸，必知音之難遇，更同調而無人。」可作此數句的注腳。又「熱腸古道宜多毀，英雄末路徒爾爾。」（〈劍歌〉）與此詞可參讀。俗子，庸俗之輩。

⑥莽：即莽莽，廣大無邊際。紅塵：僧道稱人間世事

為紅塵，這裏指社會。

⑦青衫溼：白居易〈琵琶行詩〉：「座中泣下誰最多江州司馬青衫溼。」白氏因同情琵琶女的遭遇而淚溼青衫，秋瑾於此是因感嘆世無知音而落淚。

集評

①今・郭延禮《秋瑾選集》：這首詞作於光緒二十九年（1903）秋詩人寓京期間。詞表現了作者身不甘為女子的英雄襟懷，激越憤慨之情，充溢詞間。

②今・段躍慶《歷代婦女詞百首選注》：這是一篇婦女解放運動的宣言書，鼓動詞。詞中號召推翻清朝統治，提倡婦女解放，表現了作者革命救國的思想。這是中國婦女受盡了兩千多年封建壓迫和侮辱之後所發出的強烈呼聲。其中雖帶有一定的歷史局限性，但能在當時有如此崇高的思想覺悟，有如此強烈的愛國情懷是十分難能可貴的，是值得充分肯定的。全詞感情激昂慷慨，詞意真摯動人，有很強的感染力。

③今・袁世忠《閨閣詞苑》：這首詞是秋瑾的「言志」之作。她自謂是「心卻比，男兒烈。」可是造物偏強派她作女人，作一個封建社會的女人，這使她心有未甘，青衫淚溼。她後來終於沖決網羅，走向社會，成為清末傑出的女革命家。

④今·葛汝桐《歷代婦女詩詞鑒賞辭典》：這首詞表現了一個革命家爽朗豪邁的風格，我們從中感受到詩人蒼涼悲慨、鬱勃不平的激情。從詞的表現手法來看，上片景上寓情，下片開懷傾訴，作者用直抒胸臆的方式表情達意，做到了眼前景、意中事、胸中情相互契合，顯得自然貼切。

⑤今·趙慧文、葉　英《中國歷代才女詩歌鑒賞辭典》：本詞表達了她以國家民族興亡為重的崇高精神，強烈的愛國情感躍於紙上，風格豪邁而沈鬱，不加雕飾而感人至深。

昭　君　怨

清・秋　瑾

恨煞回天無力①，只學子規啼血②。愁恨感千端，拍危欄③。　　枉把欄干拍遍，難訴一腔幽怨。殘雨一聲聲，不堪聽。

說明

本詞大約是詩人晚期所作，深恨自己綆短汲深，無力旋乾轉坤，挽救祖國的危亡，詞中抒發了熱心愛國而無力救國的悲憤。

開頭兩句含蓄的寫出清廷腐敗，外患頻仍的國勢，感慨無人能出力挽回國家危亡的命運。「恨煞」二字深刻的表現了作者對清廷、對帝國主義的痛恨之深。「只學子規啼血」一句，引用蜀國 望帝死後化為杜鵑鳥，因怨恨而啼血的故事，表達人們對國難只是悲傷、哀嘆是無濟於事的。「愁恨感千端」，直接抒發自己的情感，既對國家民族的命運憂慮發愁，但又恨賣國的清廷的矛盾之情。「感千端」三字，展示了詩人憂慮之多。「拍危欄」是一個動作的描寫，將內心憂國之情形之於外。

下片也是抒寫愛國之情。「枉把欄干拍遍」句，化用辛棄疾〈水龍吟・登建康賞心亭〉「把吳鉤看了，欄干拍遍，無人會，登臨意」之詞意，含蓄的表達了要向愛國詞人辛棄疾那樣持吳鉤、赴國難、覓知音的情感。然而一個「枉」字又寫出現在處境是既無愛國的知音，又無力救國的無奈。最後以「殘雨一聲聲，不堪聽」作結，進一步渲染了她的「秋風秋雨愁煞人」的思想情感。

本詞與南宋愛國詞派一脈相承，積極的表達了無力救國的幽憤。所謂「感人心者，莫先乎情」，通篇以直抒胸臆的手法抒發強烈的愛國熱情，實足動人心絃，感人肺腑。

註釋

①恨煞：「煞」為語助詞，在動詞「恨」之後，表示恨的程度很深。

②子規：即杜鵑鳥，啼聲淒厲。

③危欄：即高欄。

集評

①今・郭　蓁《秋瑾詩詞注評》：本詞作於光緒三十三年(1907)。作此詞時，秋瑾正在紹興籌劃武裝起義，但形勢嚴峻，她已經預感到起義可能失敗。詞作既表現了作者

內心的憂慮，也抒發了她「知其不可為而為之」的英勇氣概，語意豪邁而又不失婉轉。

②今・郭延禮《秋瑾選集》：這首詞抒寫詩人幽怨難訴的悲憤心情。秋瑾在祖國日趨危亡的關頭，想做一番扭轉乾坤的事業，無奈壯志雖存，而報國無術，故詩的調子顯得悲涼低沈。

附錄一

蔡琰詩歌述論

張仁青

在中國文學史上，父子齊名，聲華掩映者，魏有曹操、曹丕、曹植，梁有蕭衍、蕭統、蕭綱、蕭繹，宋有蘇洵、蘇軾、蘇轍。而父女齊名，飲譽千秋者，則為班彪、班昭，蔡邕、蔡琰，均屬東漢時代。在古代重男輕女和「女子無才便是德」的陳腐觀念裏，有才華的女子，想要在以男性為中心的社會中脫穎而出，與男子爭一日之長短，實在不是一件容易的事。因此，蔡氏父女在文學創作方面的卓越成就，是值得大書特書的。

漢代女作家甚多，著名者有：班姬、班昭、徐淑、蔡琰四人。班昭為后妃之師，揚名宮廷，福壽全歸，令人敬慕。徐淑，史未立傳，生平已難稽考，姑置勿論。至班姬、蔡琰二人，則均屬悲劇型的人物。其中又以蔡琰身世最為坎坷，而且也最能賺取後人的同情之淚。

琰字文姬，是蔡邕的獨生女，十六歲嫁給河東 衞仲道；不久因夫亡無子，歸寧於家。獻帝 興平年間（西元194年至195年），天下喪亂，被胡兵所擄，身陷南匈奴十二年，生了二子。曹操素與蔡邕友善，痛其無嗣，遣使往匈奴，以金璧贖文姬。文姬歸漢後，再嫁陳留 董祀以終。

文姬天資敏慧，妙解音律，得之於其父親遺傳者甚多。由眾所周知的「寡女絲」一事，已可知其音樂修養之深。《賈氏說林》：

> 蠶最巧，作繭往往遇物成形。有寡女獨宿，倚枕不寐，私於壁孔中視鄰家蠶離箔。明日，繭都類之，雖眉目不甚悉，而望去隱然似愁女。蔡邕見之，厚價市歸，繅絲製琴絃，彈之有憂愁哀怨之音，問其女琰，琰曰：「此寡女絲也。」

此一故事，民間傳說已久，諒非後人所捏造。梁·劉昭《幼童傳》記其精辨琴絃，尤足令人贊歎。

> 邕夜鼓琴，絃絕。琰曰：「第二絃」。邕曰：「偶得之耳」。故斷一絃問之。琰曰：「第四絃」。並不差謬。

少年時代即有此等造詣，恐怕不只是得諸遺傳而已。

她不但繼承了父親的琴藝，而且還替父親保存了四百餘篇散亡的作品，甚至還善用自己的辯才為丈夫脫罪。《後漢書·列女傳》：

> 董祀為屯田都尉，犯法當死，文姬詣曹操請之。時公卿名士及遠方使驛坐者滿堂。操謂賓客曰：「蔡伯喈女在外，今為諸君見之。」及文姬進，蓬首徒行，叩頭請罪，音辭清辯，旨甚酸哀，眾皆為改容。操曰：「誠實相矜，然文狀已去，奈何。」文姬曰：「明公廄馬萬匹，虎士成林，何惜疾足一騎，而不濟垂死之命乎。」操感其言，乃追原祀罪。時且寒，賜以頭巾履襪。操因問曰：「聞夫人家先多墳籍，猶能憶識之不。」文姬曰：「昔亡父賜書四千許卷，流離塗炭，罔有存者。今所誦憶，裁四百餘篇耳。」操曰：「今當使十吏就夫人寫之。」文姬曰：「妾聞男女之別，禮不親授，乞給紙筆，真草唯命。」於是繕書送之，文無遺誤。

由此可見她具有多方面的才華，不愧為建安時代首屈一指的文壇女傑。

至於她的文學作品，今存者有五七言〈悲憤詩〉各一首及〈胡笳十八拍〉一首，共三首。茲分述之：

㈠五言體悲憤詩　此詩載《後漢書‧列女傳》，凡一百零八句，五百四十字，乃文姬自敘在喪亂中之不幸遭遇。與無名氏之〈孔雀東南飛〉並稱為建安時代五言體詩的傑作

（按〈孔雀東南飛〉凡三百四十九句，一千七百四十五字。），也是我國詩歌史上第一首有作者姓名的長篇敘事詩，在我國文學發展史上佔了很重要的一頁，蔡文姬就憑著這篇鉅製而奠定了她的文學地位。

本篇是用「賦體」寫的長篇敘事詩。開始寫大漢帝國衰落以後，軍閥董卓大量引進胡人，稱兵作亂，殘殺擄掠，塗炭生靈的情形。自己就在這次大劫難中，被胡人擄入了南匈奴。次寫在胡地的生活，以及被贖歸國、親子分別的複雜心情。末寫回到故鄉，目睹荊艾滿地，白骨縱橫的景象，精神幾乎要為之而崩潰。

文學是時代生活的反映，利用文學的形式，很藝術的把一個時代的生活表現出來，往往要比史官所作的實錄容易收到感人效果，而且還具有文學與歷史的雙重價值。庾信的〈哀江南〉、〈小園〉、〈傷心〉諸賦，被稱為「賦史」；杜甫的〈北征〉、〈三吏〉、〈三別〉諸詩，被目為「詩史」；其故在此。蔡文姬這首〈悲憤詩〉，雖然是寫她個人的不幸遭遇，卻概括表現了漢末動亂時代一般人民的共同命運；尤其是柔弱無助的婦女，更變成了戰爭下的犧牲品。作者站在被害者的立場，現身說法，利用詩歌向廣大群眾控訴軍閥禍國殃民與外族陵暴漢人之罪行。使人讀了，不僅可以了解作者坎坷的一生，以及在封建社會中的痛苦無告，被視為戰利品的悲慘命運。而且還可以進一步了解當時政治的腐敗，農村經濟的破產，社會的混亂黑暗，以及統治階層的顢頇無能，遂使錦繡河山變成四分五裂，無辜百姓遭遇亙古未有之浩劫。今試舉史事數則與此詩相對照：

> 於是盡徙洛陽人數百萬口於長安，步騎驅蹙，更相蹈藉，飢餓寇掠，積尸盈路。卓自屯留畢圭苑中，悉燒宮廟官府居家，二百里內，無復孑遺。（《後漢書．董卓傳》）

此與詩中所言「斬截無孑遺，尸骸相撐拒」相合。

> 嘗遣軍到陽城，時值二月社，民各在其社下，悉就斷其男子頭，駕其車牛，載其婦女、財物，以所斷頭繫車轅軸，連軫而還洛。（《三國志．魏書．董卓傳》）

此亦與詩中所言「馬邊懸男頭，馬後載婦女」相合。

> 天綱弛絕，四海分崩，群生憔悴，士人播越，兵寇所加，邑無居民，風塵煙火，往往而處。自三代以來，大亂之極，未有若今時者也。（《三國志．吳書．胡綜傳》）

此又與詩中所言「既至家人盡，又復無中外。城郭為山林，庭宇生荊艾。白骨不知誰，縱橫莫覆蓋。出門無人聲，豺狼號且吠……」相合。諸如此類，信手翻檢，隨處可見。而詩中所描述者，卻比史書的記載還要來得真切動人。其後，杜甫作〈北征〉，韋莊作〈秦婦吟〉，其表現手法，悉皆祖此。故嚴格言之，文姬〈悲憤詩〉實為「詩史」之濫觴。

㈡**七言體悲憤詩**　此詩亦載《後漢書·列女傳》，凡三十八句，二百六十六字，通篇悉用騷體。大概在歸國途中，思及前塵往事，百感交集，而作是詩。其詞曰：

嗟薄祜兮遭世患，宗族殄兮門戶單。身執略兮入西關，歷險阻兮之羌蠻。山谷眇兮路曼曼，眷東顧兮但悲歎。冥當寢兮不能安，飢當食兮不能餐。常流涕兮眥不乾，薄志節兮念死難，雖苟活兮無形顏。

惟彼方兮遠陽精，陰氣凝兮雪夏零。沙漠壅兮塵冥冥，有草木兮春不榮。人似禽兮食臭腥，言兜離兮狀窈停。歲聿暮兮時邁征，夜悠長兮禁門扃。不能寐兮起屏營，登胡殿兮臨廣庭。玄雲合兮翳月星，北風厲兮肅泠泠。胡笳動兮邊馬鳴，孤雁歸兮聲嚶嚶。樂人興兮彈琴箏，音相和兮悲且清。心吐思兮胸憤盈，欲舒氣兮恐彼驚，含哀咽兮涕沾頸。

家既迎兮當歸寧，臨長路兮捐所生。兒呼母兮號失聲，我掩耳兮不忍聽。追持我兮走煢煢，頓復起兮毀顏形。還顧之兮破人情，心怛絕兮死復生。

此詩分為三大段：首段自悲門庭衰落，又橫遭世患，遂被擄入羌。次段寫胡地生活之實況與心情之悲苦。末段寫拋別愛子，遄歸祖國之經過情形。內容大致與前首相同。以意度之，此詩之寫作在先，大概成於歸國途中，故於回家所見，無一句敍及。前詩則為重嫁董祀後，追懷身世，感憤而作，故於結尾四句深自悲悼，恐劫後之賤軀，或將被丈夫所遺棄。據此，則兩詩產生的時間至少相隔一年以上。

後人對此二詩之真偽，議論紛紛，是非莫定，成為文壇上的千古懸案。首先疑其為贋品者為蘇軾。其《仇池筆記．擬作條》云：

> 讀〈列女傳〉蔡琰二詩，其詞明白感慨，類世所傳〈木蘭詩〉，東京無此格也。建安七子猶含養圭角，不盡發見，況伯喈女乎。又琰之流離，為在父歿之後，董卓既誅，伯喈乃遇禍，今此詩乃云為董卓所驅虜入胡，尤知其非真也。蓋擬作者疏略，而范曄荒淺，遂載之本傳，可發一笑也。

又〈答劉沔書〉云：

范曄作〈蔡琰傳〉，載其二詩，亦非是。董卓已死，琰乃流落，方卓之亂，伯喈尚無恙也，而其詩乃云以卓亂故，流入於胡。此豈真琰語哉。其筆勢乃效建安七子者，非東漢詩也。

蔡　启《蔡寬夫詩話》駁之云：

《後漢書．蔡琰傳》載其二詩，或疑董卓死，邕被誅，而詩敘以卓亂流入胡，為非琰辭。此蓋未嘗詳考於史也。且卓既擅廢立，袁紹輩起兵山東，以誅卓為名，中原大亂，卓挾獻帝遷長安，是時士大夫豈能皆以家自隨乎。則琰之入胡不必在邕誅之後。其詩首言「逼迫遷舊邦，擁主以自強，海內興義師，共欲誅不祥。」則指紹輩固可見。繼言「中土人脆弱，來兵皆胡羌，縱獵圍城邑，所向悉破亡。」「馬邊懸男頭，馬後載婦女，長驅西入關，迴路險且阻。」則是為山東兵所掠也。其末乃云「感時念父母，哀歎無窮已。」則邕尚無恙，尤無疑也。

蘇軾以為文姬之流離，在董卓伏誅、父親被害之後，而詩乃云為董卓所驅虜入胡，與事實不符。而蔡寬夫則以「琰之入胡不必在邕誅之後」駁之，極有見地。惟認為文姬為袁紹諸人之山東兵所掠，則屬臆說，於史無徵，故張玉穀《古詩賞析》云：

> 「長驅西入關」，當即指卓所將羌胡兵，蔡以為山東兵，亦誤，然其駁蘇處，則具眼也。且琰與建安七子正復同時，何見其必效七子而非琰作。

所言甚是。吳闓生《古今詩範》承之云：

> 蘇東坡不信此詩，疑為偽造。吾以謂決非偽者，因其為文姬肺腑中言，非他人之所能代也。……東坡不信此傳者，以為琰非卓眾所掠，所言失實。後人又疑中幅言己陷胡一段佚去。吾謂此詩以哀痛為主，記載固不暇求詳，且其情事亦不忍詳言矣。

其言無論於情於理，均甚契合，信足以解諸家之惑矣。近人梁啟超氏對此二詩曾暢加論評，雖意未全慊，然亦不無參考價值，因備錄之：

兩詩並見《後漢書》，或疑第二首為後人擬作，范蔚宗未經別擇，誤行收錄。此說我頗贊同，因為兩詩所寫，同一事實，同一情緒，絕無作兩首之必要，第二首雖亦不惡，但比起第一首來卻差得多了。第一首則真千古絕調，當時作家皆善用比興，獨此詩純為賦體，將實事實感，赤裸裸鋪敍抒寫，不加一毫藻飾，而纏綿往復，把讀者引到與作者同一情感，我想二千年來的詩除這首和杜工部〈北征〉外，再沒有第三首了。這首詩與〈十九首〉及建安七子諸作，體勢韻味都不一樣，這是因文姬身世所經歷，特別與人不同，所以能發此異彩，與時代風尚無關。要之，五言詩到蔡氏父女才算完全成熟，後此雖有變化，但大體總不能出其範圍。（《中國之美文及其歷史》）

㈢**胡笳十八拍**　此詩載於宋人郭茂倩《樂府詩集》，列入《琴曲歌辭》，凡一百五十九句，一千二百九十七字，內容與前述二詩相同。前十拍敍述自己入胡的原因及經過，後八拍則為思子之哀吟，親情超越民族與國家的界限，悉可於此見之。今將全詩前後二拍迻錄於次：

我生之初尚無為，我生之後漢祚衰。天不仁兮降亂離，地不仁兮使我逢此時。干戈日尋兮道路危，民卒流亡兮共哀悲。煙塵蔽野兮胡虜盛，志意乖兮節義虧。對殊俗兮非我宜，遭惡辱兮當告誰。笳一會兮琴一拍，心憤怨兮無人知。（第一拍）

胡笳本自出胡中，緣琴翻出音律同。十八拍兮曲雖終，響有餘兮思無窮。是知絲竹微妙兮均造化之功，哀樂各隨人心兮有變則通。胡與漢兮異域殊風，天與地隔兮子西母東。苦我怨氣兮浩於長空。六合雖廣兮受之應不容。（第十八拍）

此詩體裁類似以音樂為主的「彈詞」，乃文姬歸漢若干年後對前塵往事的追憶，頗有白頭宮女細說天寶遺事意味。劉商〈胡笳曲序〉云：

蔡文姬為胡人所掠，入番為王后，王甚重之。魏武帝與邕有舊，敕大將軍贖以歸漢。胡人思慕文姬，乃捲蘆葉為吹笳，奏哀怨之音。後董生以琴寫胡笳聲為十八拍，今之《胡笳弄》是也。

這是最早有關〈胡笳十八拍〉的記載。唐・李頎〈聽董大彈胡笳聲詩〉亦云：「蔡女昔造胡笳聲，一彈一十有八拍。胡人落淚沾邊草，漢使斷腸對歸客。」可見文姬歸漢、胡人思慕的故事，在唐代已經廣泛流傳於民間。從此，歷代畫家爭相以此為題材，而進行創作。如唐代 閻立本、楊寧，宋代 李公麟、李庚、陳居中，元代 趙孟頫、趙雍，明代 尤求、仇英，清代 蘇六朋等，都有《胡笳十八拍圖卷》或《文姬歸漢圖冊》之作，惜率多亡佚。今存於臺北 外雙溪 故宮博物院者，為無名氏所畫之《胡笳十八拍手卷》一冊，共十八幅，每幅都有彩色，極為鮮明，據專家鑑定為明代晚期的精品，很像仇英的風格，也可能是追摹仇英、幾可亂真的作品。又今國劇（京戲、平劇）中有〈文姬歸漢〉一齣，民初四大名旦（梅蘭芳、程硯秋、荀慧生、尚小雲，均為男性。）之一的程硯秋，即以演唱此戲而走紅菊壇，且風靡全國。要之，凡是悲劇性的人物及其故事，無論用文學、繪畫、戲劇，以及其他方法表現出來，都能博得人們的同情，而且歷久不衰。蔡文姬如此，西施、虞姬、王昭君、甄皇后、楊貴妃、李香君、陳圓圓、賽金花（傅彩雲）等亦莫不如此。

惟是，後人或有以此詩音節靡弱，意境凡近，與五言體〈悲憤詩〉截然不類，因而疑其為後人所作，而嫁名於文姬者。此屬作品之真偽問題，乃考據家之事，非本文所應及，茲姑從略。

（原載民國69年8月2日台北《國語日報》〈書和人〉395期）

附錄二

唐代青樓詩人作品研究序

張仁青

吾華雖號稱世界四大文明古國之一，擁有光輝燦爛之歷史文化，然而自古以來，即重視男性，歧視女性，將婦女當作男人之附屬品，責令其溫婉貞順，三從四德，並再三強調「女子無才便是德」，「餓死事小，失節事大」，此種封建落伍觀念深中人心，牢不可破，鮮有能衝出其藩籬者。至於書香門第或閥閱世家之閨秀千金，充其量亦不過延師講授漢・班昭《女誡》、唐・宋若莘《女論語》、明・成祖仁孝文皇后《內訓》、明・王相母劉氏《女範捷錄》（按以上四種俗稱「閨閣女四書」），以及漢・劉向《列女傳》、清・賀瑞麟《女兒經》、唐・陳邈妻鄭氏《女孝經》、明・呂德勝《女小兒語》、明・溫璜母陸氏《溫氏母訓》、明・呂坤《閨範》、宋・司馬光《家範》、宋・張載《橫渠女誡》、無名氏《閨訓千字文》……十餘種童蒙入門之書而已。其有關治國安邦、經世濟民之典籍，悉予屏除，使其無緣涉獵。故終其一生，「大門不出，二門不邁」，外面之大千世界自然一無所知，馴致心胸狹窄，目光短淺，既無謀生之能，復乏應世之方，而成為相夫教子、料理俗務之管家婆。我泱泱中華居然長期存在此種怪異現象，殊屬匪夷所思，令人扼腕三歎。本人有鑑於此，因於民國七十八學年度起，在國立中山大學 中文系新開「歷代女子名作選讀」課程，上起西漢之烏孫公主，下迄清末之秋瑾，精選歷代閨閣詩文一百篇，作為教材，庶幾瓊章麗曲，益增價於騷壇，瑰璧奇珍，再揚輝於珠澤。

唐代為我國繼兩漢以後之大帝國，國力空前強盛，社會空前繁榮，思想空前開放，婦女之身分地位遂亦相對提高。於是掃眉才子，繡幌佳人，紛紛突破傳統，馳騁文苑，其麗製瑋篇，尤多流光溢彩，眩人耳目，不啻為千百年來馥郁芳香之詩詞百花園增添一簇奇卉異葩。據《全唐詩》所收錄者，詩人凡百餘人，詩作達千餘首，風雅之盛，非惟遠邁前代，抑且睥睨後世。而在此偌多女詩人中，其管領風騷，聲華卓懋者，又非青樓裙釵莫屬，如李冶、薛濤、魚玄機（按魚氏本女冠，並未列名樂籍，但其行跡放蕩，後人多以青樓目之。）、劉采春，被人稱為唐代四大女詩人，皆巾幗不讓鬚眉，盛譽揚輝，楷模百代，允宜大筆特書者。

試看李冶之作，如〈寄校書七兄〉：「遠水浮仙棹，寒星伴使車。」分別用西漢 張騫乘槎至天河及東漢 李郃出使益州之事，運典入化，渾然無跡。比肩大歷十子，應無間然。又如〈湖上臥病喜陸鴻漸至〉：「相逢仍臥病，欲語淚先垂。強勸陶家酒，還吟謝客詩。」微情細語，思婉詞雋，隱然有嬌鳥依人，菟絲附蘿之意。

再看薛濤之作，如〈送友人〉：「水國蒹葭夜有霜，月寒山色共蒼蒼。誰言千里自今夕，離夢杳如關塞長。」構思新巧，想像獨特，非斲輪老手，曷克臻此，信是集中有數瑋篇。又如〈題竹郎廟〉：「竹郎廟前多古木，夕陽沈沈山更綠。何處江村有笛聲，聲聲盡是迎郎曲。」鍾惺《名媛詩歸》評云：「『更綠』二字在沈沈中想像出來，不必映帶古木，已復深杳。語氣一直說下，愈緩愈悲。」清新流美，雋永可誦，世咸推為《薛濤詩》中壓卷之作，足與元、白爭一日之長。

再看魚玄機之作，如〈遊崇真觀南樓睹新及第題名處〉：「雲峰滿目放春晴，歷歷銀鉤指下生。自恨羅衣掩詩句，舉頭空羡榜中名。」蓋自恨身為女子，空懷詩才，不能應舉。此與五代前蜀 黃崇嘏之「幕府若容為坦腹，願天速變作男兒」，頗有異曲同工之妙。專制時代，女子縱有絕大才華，亦不得應試，此一女權橫遭摧殘，為憾實甚。又如〈贈鄰女〉：「易求無價寶，難得有心郎。」亦在慨歎世間無價之寶物易得，而終身相愛之情郎難覓。蓋古代女子既無職業，自然視愛情為第二生命，無愛情之生命，必然黯淡無光，故無歡樂可言。既慰鄰女，亦所以自慰。

最後看劉采春之作，《全唐詩》僅錄其〈囉嗊曲〉六首，其一云：「不喜秦淮水，生憎江上船。載兒夫壻去，經歲又經年。」其三云：「莫作商人婦，金釵當卜錢。朝朝江口望，錯認幾人船。」其五云：「昨日勝今日，今年老去年。黃河清有日，白髮黑無緣。」此為商婦怨情之組詩。詩中不但寫恨別、恨人，而且恨「秦淮水」、恨「江上船」，此種情緒化之怨恨當然無理，而作者卻將商婦之怨情予以揭示出來，一層深入一層。末首且誇張青春之不可挽回，以黃河尚可清以反襯白髮不再黑，更使人對商婦之命運一掬同情之淚。由於感情熾熱，詞意淒苦，更富有強烈的藝術感染力。相傳劉氏每次演唱此詩，閨中婦女與路上行人均佇立傾聽，不覺涕淚之滂沱。

沈惠英女史系出名門，資質穎秀，自幼即刻苦銳進於學，淹貫中西，殊堪嘉佩。西元一九八一年，與現任玄奘大學學務長蔡輝龍博士締結鴛盟，鶼鰈情深，相濡以沫，遂在夫壻鼓勵之下，利用公餘暇晷，進入香港 能仁學院 文史研究所繼續深造。一九九四年以《丁西林喜劇研究》榮獲文學碩士學位，菊壇耆彥，文苑魁宿，無不眾口一辭，交相推許，隱然有後賢之畏。既而再賈餘勇，竿頭更進，復考入香港 新亞研究所，從余問學，專攻詩詞，越二年，又提出博士論文《唐代青樓詩人及其作品研究》。余忝為口試委員，見其徵引繁博，條理密察，多言前人之所未言，發前人之所未發，尤其對青樓詩人之境遇深致同情，對青樓詩人之造詣更是斂衽而拜，不以淪落風塵而稍減肅敬之意。余深然之，並予首肯，今即將梓行問世，惠英丐序於余，爰綴蕪辭，以當喤引。宋儒有云：「前修未密，後出轉精。」後之君子，或有廣深美善之作，則以茲篇為之券焉可也。

國家圖書館出版品預行編目資料

歷代女子名作選讀／張仁青、倪雅萍編纂.

-- 初版 -- 臺北市：萬卷樓，2006[民 95]

面；　公分

ISBN 978－957－739－574－0 (平裝)

830.9　　95018097

歷代女子名作選讀

編　　纂：張仁青、倪雅萍

發 行 人：許素真

出 版 者：萬卷樓圖書股份有限公司

臺北市羅斯福路二段 41 號 6 樓之 3

電話(02)23216565・23952992

傳真(02)23944113

劃撥帳號 15624015

出版登記證：新聞局局版臺業字第 5655 號

網　　址：http://www.wanjuan.com.tw

E - mail：wanjuan@tpts5.seed.net.tw

承印廠商：中茂分色製版印刷事業股份有限公司

定　　價：340 元

出版日期：2007 年 3 月初版

ISBN 978－957－739－574－0